MEMBUKA ISI ALKITAB
Tabel, diagram, dan gambar

DAVID PAWSON

ANCHOR

Hak cipta © 2025 David Pawson Ministry CIO

Hak cipta David Pawson sebagai penulis karya ini telah ditegaskan olehnya sesuai dengan Copyright, Designs and Patents Act 1988.

Pertama kali diterbitkan dalam versi asli bahasa Inggris di Inggris pada tahun 2017. Versi bahasa Inggris edisi ini diterbitkan di Inggris pada tahun 2025 oleh Anchor, yang merupakan nama dagang David Pawson Publishing Ltd., Synegis House, 21 Crockhamwell Road, Woodley, Reading RG5 3LE.

Bagian mana pun dari materi ini dilarang diproduksi ulang atau disebarkan dalam bentuk apa pun atau dengan cara apa pun, baik secara elektronik atau mekanis, termasuk fotokopi, rekaman, atau penyimpanan informasi dan sistem penyalinan apa saja, tanpa izin sebelumnya secara tertulis dari penerbit.

Kecuali diberi keterangan berbeda, seluruh kutipan ayat diambil dari Alkitab bahasa Indonesia edisi Terjemahan Baru terbitan tahun 1974, dengan hak cipta milik Lembaga Alkitab Indonesia.
Digunakan sesuai izin peruntukannya. Seluruh hak milik dipegang oleh penerbit.

UNTUK MENGUNDUH MATERI GRATIS:
www.davidpawson.org

Untuk mendapatkan informasi lebih lanjut, kirimkan email ke:
info@davidpawsonministry.org

ISBN 978-1-917360-26-5

Versi asli dalam bahasa Inggris dicetak oleh Ingram Spark

CARA MENGGUNAKAN BUKU INI

Dengan pandangan menyeluruh yang unik terhadap hubungan Tuhan dengan umat-Nya dalam Perjanjian Lama maupun Perjanjian Baru, Membuka Isi Alkitab karya pembicara dan penulis injili internasional yang ternama, David Pawson, ini menyajikan ulasan lengkap tentang sejarah dalam Alkitab serta implikasinya bagi kehidupan kita sehingga menyingkapkan Firman Tuhan dengan cara yang baru dan penuh kuasa. Tanpa pendalaman yang terperinci secara ayat per ayat, materi ini menuturkan kisah nyata yang epik tentang Tuhan dan umat-Nya di Israel. Latar belakang budaya dan sejarah serta orang-orangnya diperkenalkan, dan pengajarannya diterapkan pada dunia zaman modern.

Kumpulan peta, diagram, dan tabel yang termasuk disiapkan untuk digunakan sebagai pelengkap untuk materi terkait berupa rekaman sesi-sesi pengajaran David Pawson, melalui berbagai ilustrasi yang juga dipakai oleh sang pengajar dalam sesi-sesi tersebut. Sesi-sesi pengajaran ini seluruhnya disampaikan selama berpuluh-puluh tahun; maka, sebagian referensinya mungkin tidak sesuai dengan informasi terkini meski akurat pada saat penggunaan awalnya. (Misalnya, ilustrasi tentang bangunan-bangunan yang tinggi.) Selain itu, gambar-gambar yang ada juga digunakan dalam lebih dari satu materi pengajaran atau terkait dengan lebih dari satu materi pendalaman Alkitab. Karenanya, sebagian gambar memang ditampilkan lebih dari satu kali, agar sebaik-baiknya dapat mendukung penyajian materi referensi yang selengkap dan semudah mungkin untuk diakses dan digunakan dalam setiap seri materi pengajaran.

Materi pengajaran David Pawson dengan topik
Membuka Isi Alkitab tersedia di
www.davidpawson.org

atau di saluran YouTube (bahasa Indonesia):
www.youtube.com/@DavidPawsonBahasaIndonesia

Seperti yang disebutkan di atas, materi-materi ini dapat juga digunakan bersamaan serta maupun sebagai pelengkap bagi buku "Membuka Isi Alkitab", yang dapat dibeli di tautan berikut:

www.davidpawson.co.uk/resources/books/?lang=IND

DAFTAR ISI

PERJANJIAN LAMA

Tinjauan Umum tentang Perjanjian Lama	2
Kejadian	5
Keluaran	18
Imamat	26
Bilangan	31
Ulangan	34
Yosua	36
Hakim-Hakim dan Rut	42
1 dan 2 Samuel	47
1 dan 2 Raja-Raja	53
1 dan 2 Tawarikh	57
Ezra dan Nehemia	59
Ester	64
Ayub	65
Puisi Ibrani	66
Mazmur	67
Amsal	69
Pengkhotbah	70
Yesaya	71
Yeremia	79
Ratapan	80
Yehezkiel	81
Daniel	85
Hosea	92
Obaja dan Yoel	93
Amos	98
Yunus	99
Mikha	104
Nahum	106
Habakuk	109
Zefanya	110
Hagai	111
Zakharia	112
Maleakhi	113

PERJANJIAN BARU

Matius	116
Markus	118
Lukas	121
Yohanes	123
Kisah Para Rasul	126
Roma	128
1 dan 2 Korintus	130
Galatia	133
Efesus	135
Filipi dan Filemon	139
Kolose	141
1 dan 2 Tesalonika	144
Timotius dan Titus	146
Ibrani	148
Yakobus	151
1 dan 2 Petrus	152
Paulus dan surat-suratnya	153
Surat-surat Yohanes	155
Yudas	159
Wahyu	160

www.davidpawson.org   Membuka Isi Alkitab

PERJANJIAN LAMA

TINJAUAN UMUM TENTANG PERJANJIAN LAMA

BULAN SABIT YANG SUBUR

TANAH PERJANJIAN

www.davidpawson.org   Membuka Isi Alkitab

TINJAUAN UMUM TENTANG PERJANJIAN LAMA

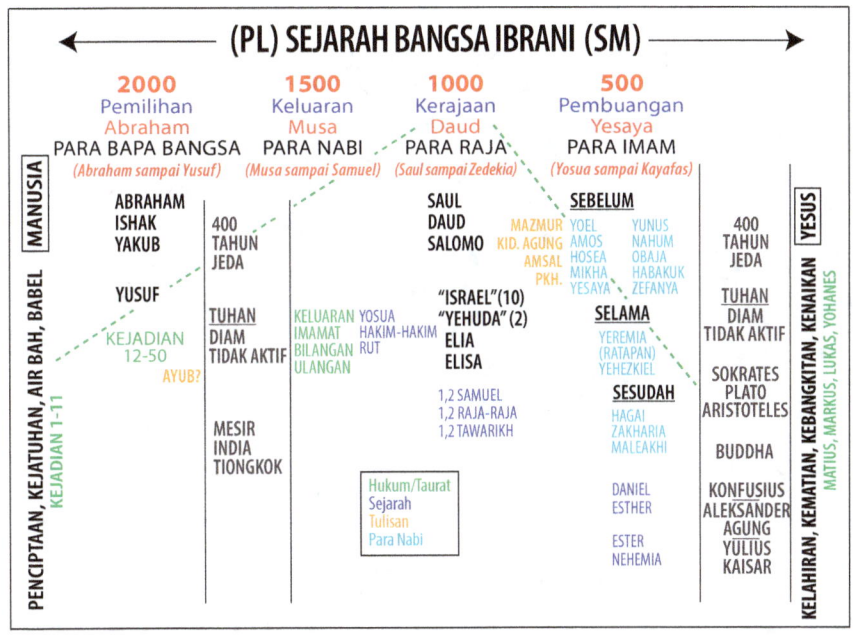

BAHASA IBRANI — PERJANJIAN LAMA — BAHASA INGGRIS

HUKUM (Taurat, Lima Kitab Pertama)
  Pada mulanya (Kej.)
  Inilah nama-nama-Nya (Kel.)
  Dan Dia memanggil (Im.)
  Di padang gurun (Bil.)
  Inilah perkataan-Nya (Ul.)

PARA NABI
YANG AWAL
  * Yosua
  * Hakim-Hakim
  * Samuel
  * Raja-Raja

YANG KEMUDIAN
  Yesaya   Yunus
  Yeremia   Mikha
  Yehezkiel   Nahum
  Hosea   Habakuk
  Yoel   Zefanya
  Amos   Hagai
  Obaja   Zakharia
              Maleakhi

TULISAN Pujian (Mazmur)
  Ayub
  Amsal
  * Rut
    Kidung Agung
    Sang Pengkhotbah
      (kitab Pengkhotbah)
  * Aduh! (Ratapan)
  * Ester
  Lukas 24:27-44

SEJARAH (masa lalu)
  Kejadian   Rut
  Keluaran   1, 2 Samuel
  Imamat   1, 2 Raja-Raja
  Bilangan   1, 2 Tawarikh
  Ulangan   Ezra
  Yosua   Nehemia
  Hakim-Hakim   Ester

PUISI (masa sekarang)
  Ayub
  Mazmur   Pengkhotbah
  Amsal   Kidung Agung

NUBUATAN (masa depan)
  BESAR   Yesaya   Yehezkiel
  (4)   Yeremia   Daniel
          Ratapan
  KECIL   Hosea   Zefanya
  (12)   Amos   Hagai
          Obaja   Zakharia
          Yunus   Maleakhi
          Mikha
          Nahum   "kutukan"
          Habakuk
          Yoel

TINJAUAN UMUM TENTANG PERJANJIAN LAMA

5 Kitab Pertama - 5 kitab tulisan Musa
Taurat - "perintah"

	Siapa?	Di mana?	Kapan?
KEJADIAN *'awal mula'*	UNIVERSAL	KALDEA KANAAN	**BERABAD-ABAD** (di masa lalu)
KELUARAN *'pergi keluar'*	SEBANGSA	MESIR	**BERTAHUN-TAHUN** (300)
IMAMAT *'suku Lewi'*	SESUKU	S I N A I	**SATU BULAN**
BILANGAN	SEBANGSA	NEGEB EDOM	**BERTAHUN-TAHUN** (40)
ULANGAN *'hukum kedua'*	UNIVERSAL	MOAB	**BERABAD-ABAD** (di masa depan)

'PERINTAH SANG PENCIPTA'

www.davidpawson.org   Membuka Isi Alkitab

KEJADIAN BAGIAN 1

KEJADIAN 1 ~ "TUHAN" 35 x

TUHAN ITU PRIBADI (hati, pikiran, kehendak)
BERKUASA (10 perintah yang harus ditaati)
BUKAN MAKHLUK CIPTAAN (ada sejak kekal dan selama-lamanya)
KREATIF/PENCIPTA (imajinasi ⟶ ragam)
TERATUR (simetri, matematika)
TUNGGAL (kata kerja)
MAJEMUK (kata benda)
BAIK (segala yang dilakukan-Nya adalah karena sifat diri-Nya)
PENGASIH (ingin memberkati ciptaan-Nya)
HIDUP (aktif di dalam dunia ini)
BERBICARA (berkomunikasi untuk membangun hubungan)
SEPERTI KITA (dalam gambar-Nya)
TIDAK SEPERTI KITA (kita tidak mampu mencipta)

TIDAK | DAPAT DISAMAKAN DENGAN | CIPTAAN-NYA
TERGANTUNG PADA

KEJADIAN BAGIAN 2

FILSAFAT MANUSIA

ATEISME: Tuhan itu tidak ada
AGNOSTISME: tidak tahu apakah Tuhan ada atau tidak
ANIMISME: roh-roh adalah tuhan
POLITEISME: ada banyak tuhan
DUALISME: ada dua tuhan < yang baik dan yang jahat
MONOTEISME: hanya ada satu Tuhan
DEISME: Pencipta tidak dapat mengendalikan
TEISME: Pencipta dapat mengendalikan

EKSISTENSIALISME: pengalaman adalah tuhan
HUMANISME: manusia adalah tuhan
RASIONALISME: akal sehat adalah tuhan
MATERIALISME: yang nyata hanyalah materi
MISTISISME: yang nyata hanyalah roh
MONISME: materi dan roh adalah satu
PANTEISME: segala sesuatu adalah tuhan
PANENTEISME: Tuhan ada di dalam segala sesuatu

FILSAFAT ALKITAB

TEISME TRITUNGGAL: Pencipta yang 3 di dalam 1 itu mengendalikan segala makhluk dan ciptaan

BERFIRMANLAH ALLAH:
"Jadilah":

$$\frac{1}{r^2}\frac{\partial}{\partial r}(r^2 D_r) + \frac{1}{r\sin\theta}\frac{\partial}{\partial \theta}(D_\theta \sin\theta) + \frac{1}{r\sin\theta}\frac{\partial D_\phi}{\partial \phi} = 4\pi\rho,$$

$$\frac{1}{r^2}\frac{\partial}{\partial r}(r^2 B_r) + \frac{1}{r\sin\theta}\frac{\partial}{\partial \theta}(B_\theta \sin\theta) + \frac{1}{r\sin\theta}\frac{\partial B_\phi}{\partial \phi} = 0;$$

$$\frac{1}{r\sin\theta}\left[\frac{\partial}{\partial \theta}(E_\phi \sin\theta) - \frac{\partial E_\theta}{\partial \phi}\right] = -\frac{1}{c}\frac{\partial B_r}{\partial t},$$

$$\frac{1}{r}\left[\frac{1}{\sin\theta}\frac{\partial E_r}{\partial \phi} - \frac{\partial}{\partial r}(rE_\phi)\right] = -\frac{1}{c}\frac{\partial B_\theta}{\partial t},$$

$$\frac{1}{r}\left[\frac{\partial}{\partial r}(rE_\theta) - \frac{\partial E_r}{\partial \theta}\right] = -\frac{1}{c}\frac{\partial B_\phi}{\partial t};$$

$$\frac{1}{r\sin\theta}\left[\frac{\partial}{\partial \theta}(H_\phi \sin\theta) - \frac{\partial H_\theta}{\partial \phi}\right] = 4\pi j_r + \frac{1}{c}\frac{\partial D_r}{\partial t},$$

$$\frac{1}{r}\left[\frac{1}{\sin\theta}\frac{\partial H_r}{\partial \phi} - \frac{\partial}{\partial r}(rH_\phi)\right] = 4\pi j_\theta + \frac{1}{c}\frac{\partial D_\theta}{\partial t},$$

$$\frac{1}{r}\left[\frac{\partial}{\partial r}(rH_\theta) - \frac{\partial H_r}{\partial \theta}\right] = 4\pi j_\phi + \frac{1}{c}\frac{\partial D_\phi}{\partial t}.$$

Lalu terang itu jadi.

KEJADIAN BAGIAN 2

GAYA: TIDAK ILMIAH (BAGAIMANA?)
TETAPI SEDERHANA(APA?)
1. SUBJEK (TUHAN, FIRMAN, ROH)
2. KATA KERJA (MENCIPTAKAN, MENJADIKAN)
3. OBJEK (HARI 1-7)

STRUKTUR:

Tidak dapat dihuni	Tidak dihuni
TUHAN MEMBENTUK	TUHAN MEMENUHI
Kontras	Isi
1. DARI GELAP MENJADI TERANG	4. MATAHARI DAN BULAN (+bintang-bintang)
2. DARI LAUTAN MENJADI ADA LANGIT	5. BURUNG DAN IKAN
3. DARI LAUT SAJA MENJADI ADA DARATAN (+tumbuh-tumbuhan)	6. HEWAN DAN MANUSIA

7. HARI LIBUR!

LOGIS: (ringkasan sederhana)
1. PENYUSUN BATU
2. TUKANG KAYU
3. TUKANG PIPA
4. TUKANG LISTRIK
5. PELAPIS TEMBOK
6. AHLI DEKORASI
7. HARI LIBUR

KRONOLOGIS: (analisis alur kritis)
1. PENYUSUN BATU
2. TUKANG KAYU
3. TUKANG PIPA
4. TUKANG LISTRIK
5. PELAPIS TEMBOK
6. AHLI DEKORASI
7. HARI LIBUR

www.davidpawson.org   Membuka Isi Alkitab

KEJADIAN BAGIAN 2

ILMU PENGETAHUAN DAN ALKITAB

1. MENYANGKAL
ORANG PERCAYA MENYANGKAL ILMU PENGETAHUAN
ORANG NON-PERCAYA MENYANGKAL ALKITAB

2. MEMISAHKAN
ILMU PENGETAHUAN ~ KEBENARAN FISIK (KAPAN? BAGAIMANA?)
ALKITAB ~ KEBENARAN SPIRITUAL (SIAPA? MENGAPA?)
APA GARIS BATAS ANTARA { MITOS DAN SEJARAH?
NILAI-NILAI DAN FAKTA?

3. MENYATUKAN
PENELITIAN TRANSISI TERHADAP ILMU PENGETAHUAN
PENAFSIRAN TRADISIONAL TERHADAP ALKITAB

PENCIPTAAN: KECEPATAN (6 HARI ATAU 4 JUTA TAHUN?)
URUTAN (TERANG SEBELUM MATAHARI, BURUNG SEBELUM HEWAN?)
SELEKSI (ALAMI ATAU SUPRAALAMI?)

MANUSIA: SUMBER (MINERAL ATAU HEWAN?)
MASA HIDUP (BERPULUH-PULUH TAHUN ATAU BERABAD-ABAD?)
KEMATIAN (ALAMI ATAU OLEH KEPUTUSAN TUHAN?)

AIR BAH: LINGKUP (LOKAL ATAU UNIVERSAL?)

"HARI" (bahasa Ibrani: YOM)

1. HARFIAH ("hari" bumi)
  a. Jeda
  b. Air bah
  c. Kuno

2. GEOLOGIS ("hari" zaman)

3. MITOLOGIS ("hari" dongeng)

4. EDUKATIF ("hari" sekolah)
  a. Verbal
  b. Visual

5. TEOLOGIS ("hari" Tuhan)
"seluruh pekerjaan itu dalam satu pekan"
Perhatikan panjangnya hari ketujuh.

www.davidpawson.org Membuka Isi Alkitab

KEJADIAN BAGIAN 3

PASAL SATU (1^1-2^3) **PASAL DUA (2^{4-25})**

────── **T U H A N** ──────

"TUHAN" "TUHAN ALLAH"
ELOHIM = TIGA TUHAN YHWH = PRIBADI, AKU, SENANTIASA ADA
SEPERTI MANUSIA TIDAK SEPERTI MANUSIA

────── **M A N U S I A** ──────

"MANUSIA" "ADAM" = DEBU ("HAWA" = HIDUP)
SEPERTI TUHAN TIDAK SEPERTI TUHAN

SEPERTI } HEWAN
TIDAK SEPERTI

PEREMPUAN   diciptakan   HUBUNGAN   LAKI-LAKI
↓   setelah   DI BAWAH ~ DIKUASAI   ↓
MENOLONG   dari   DI ATAS ~ TUNDUK   MENYEDIAKAN
MENYEPAKATI   untuk   DI SISI ~ MENDUKUNG   MELINDUNGI
  dinamai oleh

AWAL MULA MANUSIA

a. ALKITABIAH   "baiklah Kita... menurut gambar dan rupa Kita"
"membentuk... dari tanah (perempuan dari laki-laki)"

b. SEJARAH   Kesatuan seluruh umat manusia
Arkeologi pertanian

c. PRASEJARAH   Homo sapiens
Neanderthal, Peking, Java, dll.
ILMU PENGETAHUAN ~ penelitian palsu?
ALKITAB ~ informasi palsu?

a. PRASEJARAH ADALAH ALKITABIAH   (gambar dan rupa Tuhan)
Kej. 1: zaman paleolitik dan pemburu
Kej. 2: zaman neolitik dan petani   (Adam bukan manusia pertama)

b. PRASEJARAH MENJADI ALKITABIAH
Yang berubah hanya satu, sebagian, atau semuanya?
"anak-anak Allah dan anak-anak perempuan manusia" (Kej. 6)

c. PRASEJARAH ITU TIDAK ALKITABIAH
Keserupaan secara fisik, bukan secara spiritual
Spesies yang sekarang telah punah

KEJADIAN BAGIAN 3

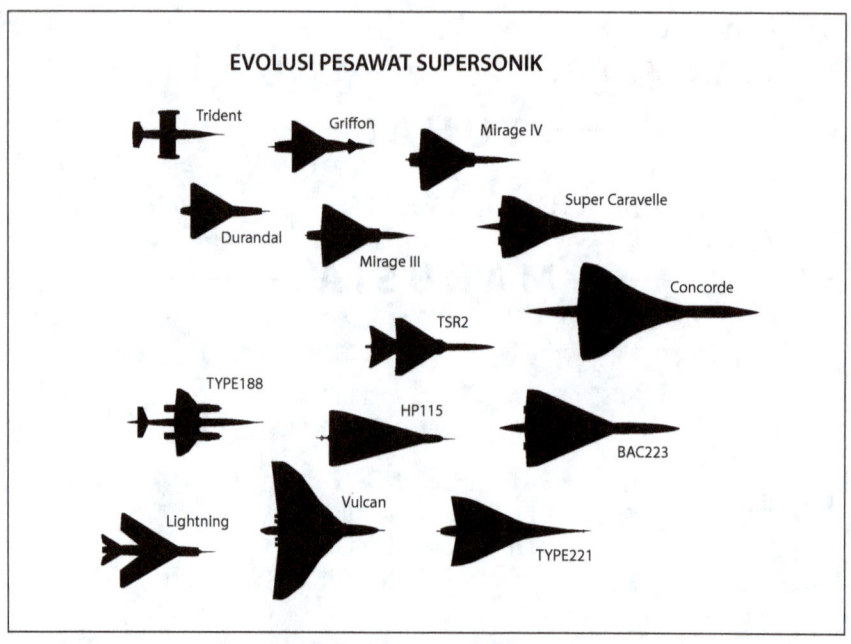

TEORI EVOLUSI
(TERMINOLOGI)

"VARIASI" - perubahan kecil dan bertahap dalam hal wujud

"SELEKSI" - perubahan karena bertahan hidup dengan menyesuaikan diri terhadap lingkungan

"ALAMI" - proses yang dengan sendirinya (kebalikan dari supraalami)

"MUTASI" - perubahan besar dan mendadak dalam hal wujud (pada tingkat genetik secara internal)

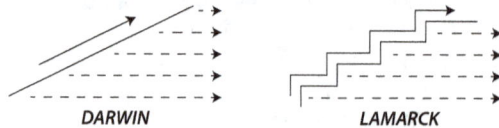

DARWIN   LAMARCK

EVOLUSI MIKRO
Perkembangan terbatas dalam berbagai kelompok

EVOLUSI MAKRO
Perkembangan total dari satu kondisi awal mula

"PERJUANGAN" - yang kuat yang bertahan hidup
(kata kunci)

www.davidpawson.org   Membuka Isi Alkitab

KEJADIAN BAGIAN 3

1. PILIHAN MENTAL

PENCIPTAAN	EVOLUSI
Tuhan sebagai Bapa	Alam sebagai ibu
Pilihan pribadi	Kebetulan yang tidak pribadi
Tujuan yang telah dirancangkan	Pola acak
Produksi yang supraalami	Proses alami
Situasi terbuka	Sistem tertutup
Penyediaan	Kebetulan
Iman berdasarkan fakta	Iman berdasarkan khayalan
Tuhan bebas menjadikan manusia menurut gambar-Nya	Manusia bebas menjadikan Tuhan menurut gambarannya imajinasinya

2. PILIHAN MORAL

PENCIPTAAN	EVOLUSI
Tuhan adalah Tuhan	Manusia adalah tuhan
Otoritas ilahi	Otonomi manusia
Standar mutlak	Situasi relatif
Kewajiban - tanggung jawab	Tuntutan atas hak
Ketergantungan sebagai "anak kecil"	Kemerdekaan sebagai "orang dewasa"
Manusia jatuh	Manusia bangkit
Penyelamatan bagi yang lemah	Yang kuat yang bertahan
Kuat karena benar	Benar karena kuat
Kedamaian	Perang
Ketaatan	Kenikmatan diri
Iman, pengharapan, dan kasih	Fatalisme, ketidakberdayaan, dan keberuntungan
Surga	Neraka

KEJADIAN BAGIAN 4

SEDIMEN AIR BAH DI MESOPOTAMIA

HEWAN-HEWAN MASUK DI BAHTERA

S.S. CANBERRA

KEJADIAN BAGIAN 4

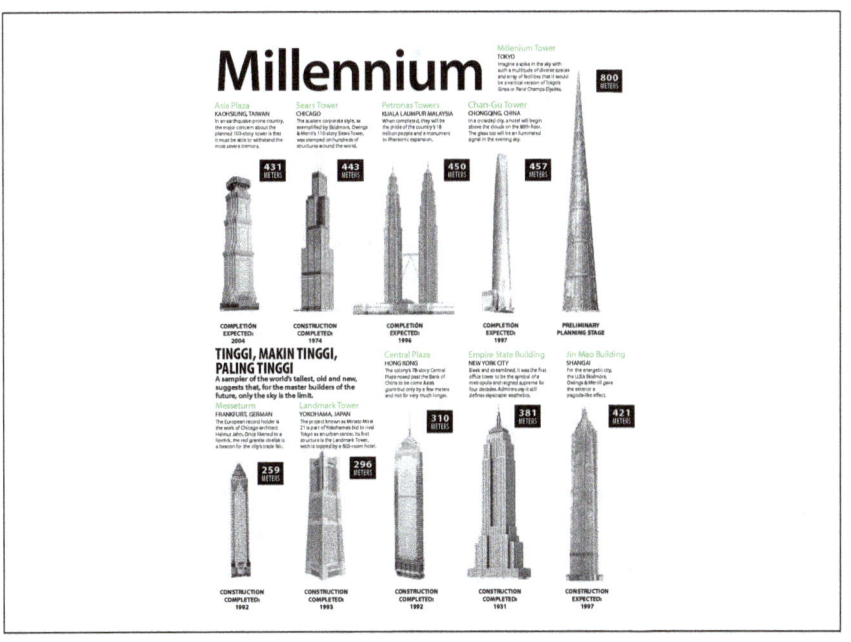

KEJADIAN BAGIAN 4

KEJADIAN 1-11 DAN AKSARA TIONGKOK

MENCIPTA:

IBLIS:

PENGGODA:

KAPAL:

土 = lumpur
) = kehidupan, gerak
乙 = berjalan

亻 = manusia, anak laki-laki
田 = taman
厶 = rahasia, pribadi

'Iblis' + 林 = dua pohon
宀 = penutup

井 = penampung
八 = delapan
口 = mulut, orang

www.davidpawson.org Membuka Isi Alkitab

KEJADIAN BAGIAN 5

GARIS BESAR KITAB KEJADIAN

1-11
Bagian pendek (1/4)
Periode panjang (berabad-abad)
Jumlah orang banyak (bangsa-bangsa)

12-50
Bagian panjang (3/4)
Periode pendek (bertahun-tahun)
Jumlah orang sedikit (keluarga)

1-2 PENCIPTA YANG BAIK
TINDAKAN ILAHI
HUBUNGAN MANUSIA

12-36 TUHAN ABRAHAM vs. LOT
ISHAK vs. ISMAEL
YAKUB vs. ESAU

3-11 CIPTAAN YANG JAHAT
JATUH
BERSETERU

37-50 YUSUF
TURUN SAMPAI DIPENJARA
NAIK SAMPAI BERKUASA

ZIGGURAT UR

KEJADIAN BAGIAN 5

PERAPIAN DI UR

LEMBAH YORDAN

KEJADIAN BAGIAN 5

ISTRI LOT

PETRA

KELUARAN BAGIAN 1

PASAL 1-18
TINDAKAN ILAHI
ANUGERAH
PEMBEBASAN
DARI MESIR
PERBUDAKAN
PENEBUSAN

1. Multiplikasi dan pembunuhan
   (ISRAEL)
2-4. Gala-gala dan semak
   (MUSA)
5-11. Tulah dan sampar
   (FIRAUN)
12-13^{16} Perayaan dan anak sulung
   (PASKAH)
13^{17}-15^{21} Dibebaskan dan ditenggelamkan
   (LAUT MERAH)
15^{22}-18^{27} Disediakan dan dilindungi
   (PADANG GURUN)

PASAL 19-40
PERKATAAN ILAHI
RASA SYUKUR
HUKUM
KE SINAI
PELAYANAN
KEBENARAN

19-24 Perintah dan perjanjian
   (SINAI)
25-31 Spesifikasi dan spesialis
   (TABERNAKEL)
32-34 Kenikmatan diri dan syafaat
   (LEMBU EMAS)
35-40 Pembangunan dan pengudusan
   (TABERNAKEL)

RAMSES II

www.davidpawson.org   Membuka Isi Alkitab

KELUARAN BAGIAN 1

PASKAH

KELUARAN BAGIAN 2

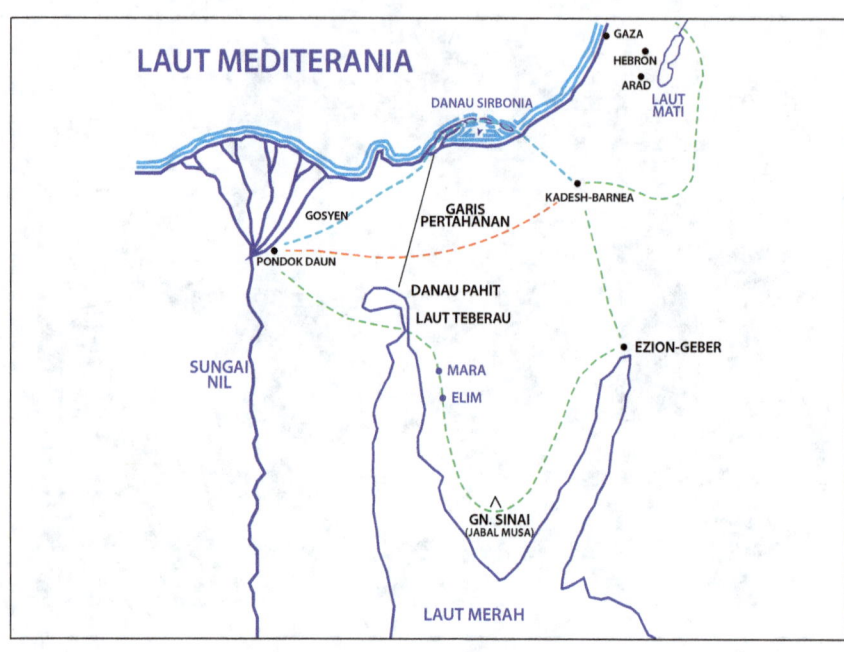

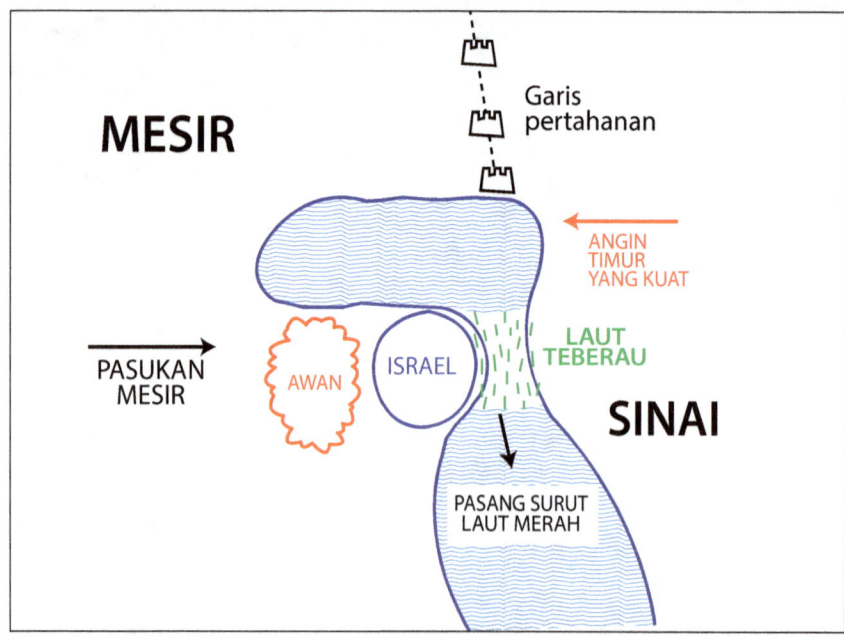

KELUARAN BAGIAN 2

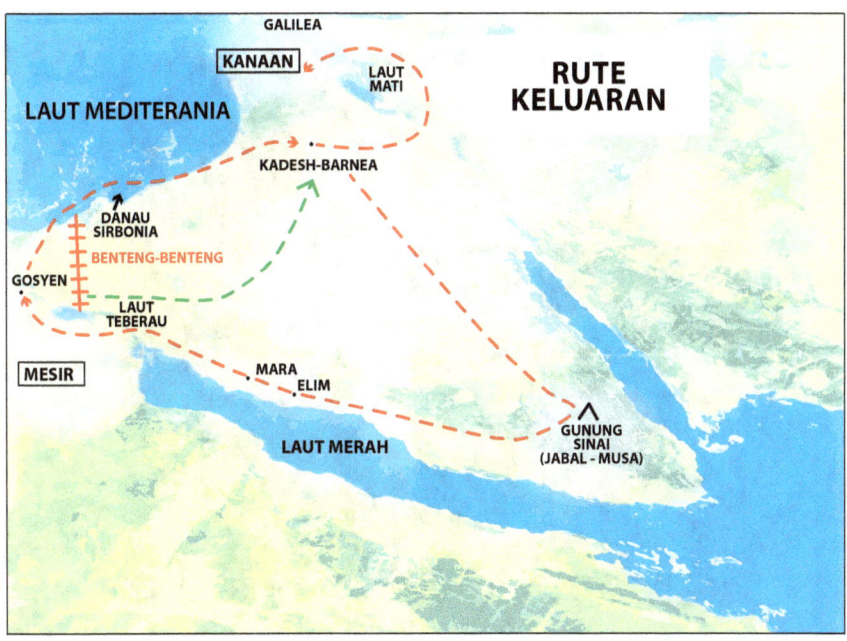

PASAL 1-18
TINDAKAN ILAHI
ANUGERAH
PEMBEBASAN
DARI MESIR
PERBUDAKAN
PENEBUSAN

1. Multiplikasi dan pembunuhan
   (ISRAEL)
2-4. Gala-gala dan semak
   (MUSA)
5-11. Tulah dan sampar
   (FIRAUN)
12-13^{16} Perayaan dan anak sulung
   (PASKAH)
13^{17}-15^{21} Dibebaskan dan ditenggelamkan
   (LAUT MERAH)
15^{22}-18^{27} Disediakan dan dilindungi
   (PADANG GURUN)

PASAL 19-40
PERKATAAN ILAHI
RASA SYUKUR
HUKUM
KE SINAI
PELAYANAN
KEBENARAN

19-24 Perintah dan perjanjian
   (SINAI)
25-31 Spesifikasi dan spesialis
   (TABERNAKEL)
32-34 Kenikmatan diri dan syafaat
   (LEMBU EMAS)
35-40 Pembangunan dan pengudusan
   (TABERNAKEL)

www.davidpawson.org  Membuka Isi Alkitab

KELUARAN BAGIAN 2

MARA

ELIM

KELUARAN BAGIAN 2

GN. SINAI

PERKEMAHAN ISRAEL

KELUARAN BAGIAN 2

TABERNAKEL (TUDUNG)

TABERNAKEL

KELUARAN BAGIAN 2

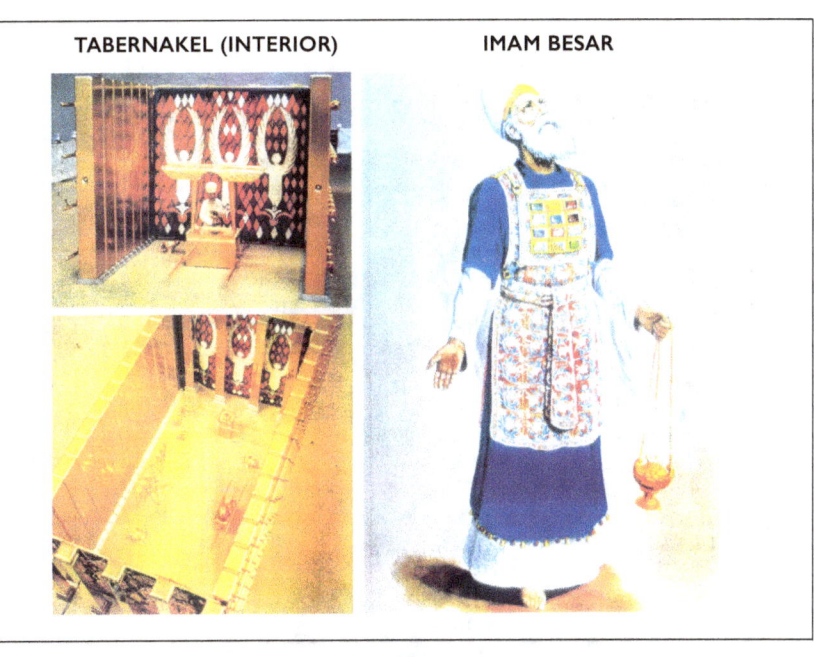

TABERNAKEL (INTERIOR)

IMAM BESAR

LEMBU EMAS

IMAMAT BAGIAN 1

'PENTATEUKH' - <u>5</u> kitab Musa - **'TAURAT'** - perintah

	SIAPA?	DI MANA?	KAPAN?
KEJADIAN *AWAL MULA*	UNIVERSAL	KALDEA KANAAN MESIR	BERABAD-ABAD *(MASA LALU)*
KELUARAN *PERGI KELUAR*	SEBANGSA		BERTAHUN-TAHUN *(300)*
IMAMAT *SUKU LEWI*	SESUKU	SINAI	BULAN *(SATU)*
BILANGAN *DATA STATISTIK*	SEBANGSA		BERTAHUN-TAHUN *(40)*
ULANGAN *HUKUM KEDUA*	UNIVERSAL	NEGEB EDOM MOAB	BERABAD-ABAD *(MASA DEPAN)*

PEMBENARAN
JALAN <u>MENUJU</u> TUHAN

JALAN <u>BERSAMA</u> TUHAN
PENGUDUSAN

1-7 PERSEMBAHAN DAN KORBAN
8-10 IMAMAT
11-15 NAJIS → KUDUS
16 HARI PENDAMAIAN
17-22 BIASA → KUDUS
23-25 PENYEMBAHAN
26-27 SANKSI DAN IKRAR

www.davidpawson.org Membuka Isi Alkitab

IMAMAT BAGIAN 1

KORBAN PERSEMBAHAN

RASA SYUKUR	BAKARAN	Penyerahan diri
	SAJIAN	Pelayanan
	KESELAMATAN	Ketenangan
RASA BERDOSA	DOSA	Penggantian
	PELANGGARAN	Pemuasan

PERAYAAN

KEDATANGAN PERTAMA (MASA LALU)	PASKAH (roti tak beragi)	- tanggal 15 bulan pertama
	BUAH SULUNG	- 3 hari sesudahnya
	PENTAKOSTA (beberapa pekan)	- 50 hari sesudahnya
KEDATANGAN KEDUA (MASA DEPAN)	SANGKAKALA	- tanggal 1 bulan ketujuh
	HARI PENDAMAIAN	- 3 hari sesudahnya
	TABERNAKEL (Sukkot - Pondok Daun)	- 15-22 hari sesudahnya
ISTIRAHAT	SABAT	- setiap hari ketujuh
KELEPASAN	YOBEL	- setiap tahun ke-50

IMAMAT BAGIAN 1

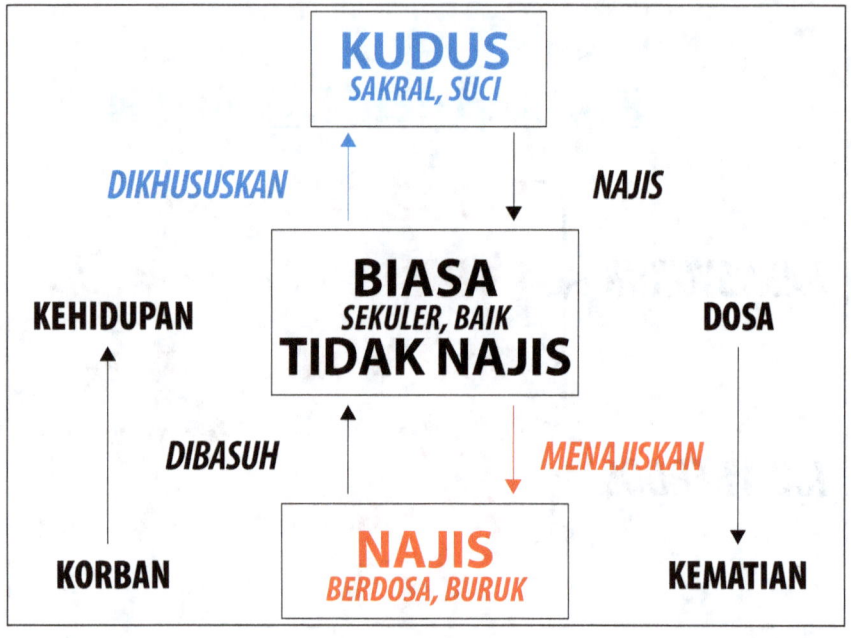

IMAMAT BAGIAN 2

KAMBING HITAM (AZAZEL)

GN. ETNA

IMAMAT BAGIAN 2

KORBAN PERSEMBAHAN

RASA SYUKUR {	**BAKARAN**	*Penyerahan diri*
	SAJIAN	*Pelayanan*
	KESELAMATAN	*Ketenangan*
RASA BERDOSA {	**DOSA**	*Penggantian*
	PELANGGARAN	*Pemuasan*

BILANGAN BAGIAN 1

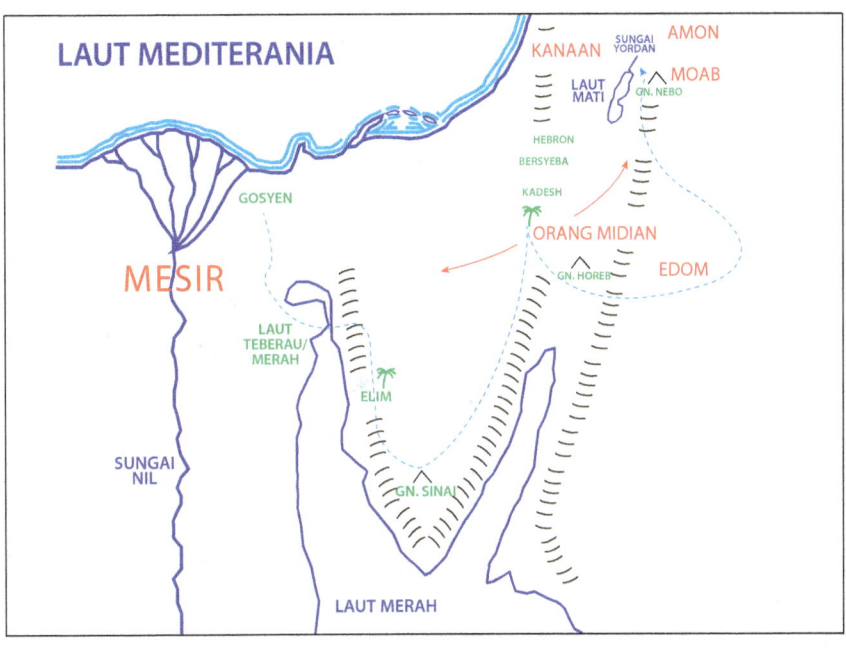

MESIR
KELUARAN 1-11
MESIR KE SINAI
KELUARAN 12-18
SINAI
KELUARAN 19-40
IMAMAT 1-27
BILANGAN 1^1-10^{10}
SINAI KE KADESH
BILANGAN 10^{11}-12^{16}
KADESH
BILANGAN 13^1-20^{21}
KADESH KE MOAB
BILANGAN 20^{22}-21^{35}
MOAB
BILANGAN 22^1-36^{13}
ULANGAN 1-34

BILANGAN BAGIAN I

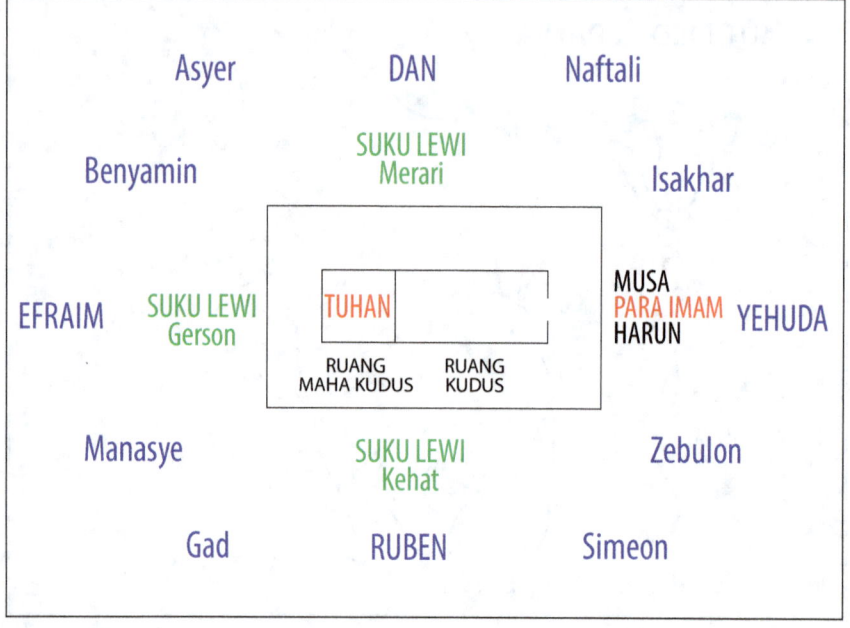

BILANGAN BAGIAN 2

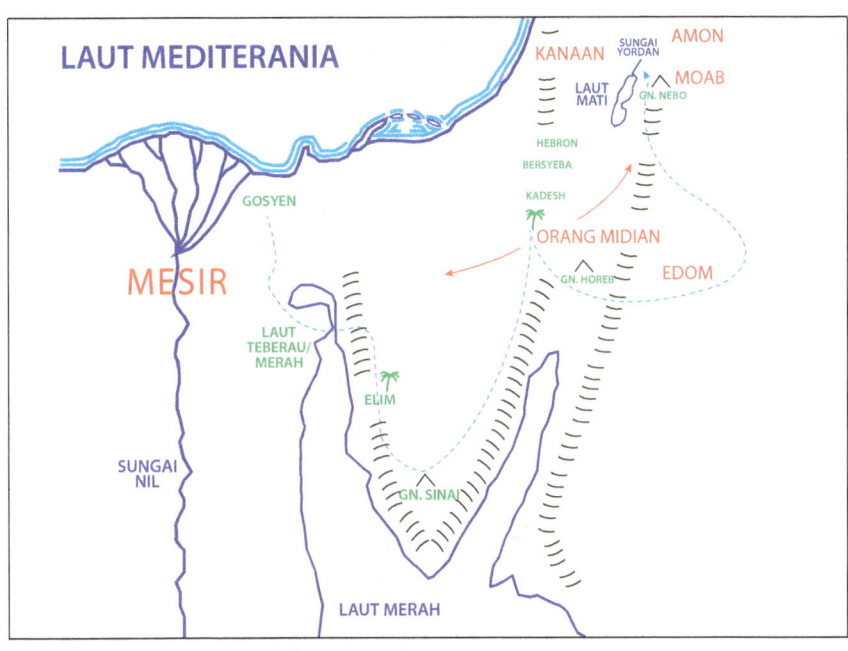

BUAH ANGGUR DI KANAAN

ULANGAN BAGIAN I

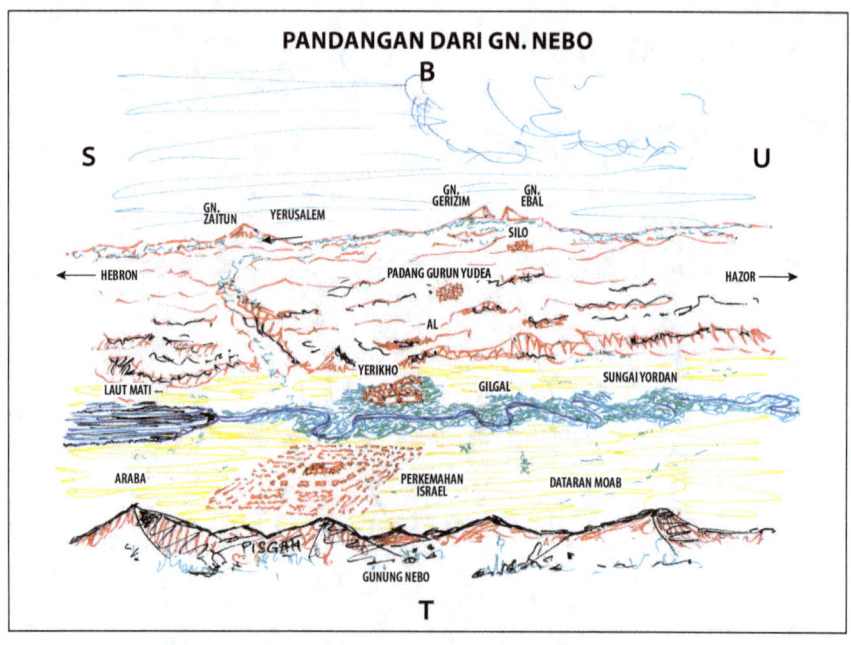

PERJANJIAN
(ANTARA RAJA PENAKLUK DAN PIHAK YANG DITAKLUKKAN)

PEMBUKAAN 1^{1-5}
PENGANTAR SEJARAH 1^6-4^{49}
DEKLARASI PRINSIP DASAR 5-11
RINCIAN HUKUM 12-26
SANKSI 27-28
PEMANGGILAN SAKSI 30^{19} 31^{19} 32
  (BIASANYA DARI PIHAK TUHAN)
PENYEDIAAN BAGI KELANGSUNGAN LEBIH LANJUT 31-34

UPACARA PENGESAHAN

ULANGAN BAGIAN 1 & 2

ULANGAN
(HUKUM YANG DIULANGI KEDUA KALI; DEUTERO=DUA, NOMOS=HUKUM)

1. MASA LALU: PENGINGAT (1^1 - 4^{43})
a. YANG TIDAK BERIMAN DIHUKUM (1^6 - 3^{29})
b. YANG BERIMAN DIBERI PETUNJUK (4^{1-43})

2. MASA SEKARANG: PERATURAN (4^{44} - 26^{19})
a. KASIH DINYATAKAN (4^{44} - 11^{32})
b. HUKUM DIPERLUAS (12^1 - 26^{19})

3. MASA DEPAN: GANJARAN (27^1 - 34^{12})
a. PERJANJIAN DITEGUHKAN (27^1 - 30^{20})
b. KELANGSUNGAN DIJAMIN (31^1 - 34^{12})

www.davidpawson.org   Membuka Isi Alkitab

YOSUA BAGIAN I

PERJANJIAN LAMA (Ibrani)

LIMA KITAB PERTAMA	ENAM KITAB BERIKUTNYA
Kejadian	Yosua
Keluaran	Hakim-Hakim
Imamat	1, 2 Samuel
Bilangan	1, 2 Raja-Raja
Ulangan	

HUKUM (TAURAT)   PARA NABI (YANG AWAL)

JANJI	PENGGENAPAN
ANUGERAH	RASA SYUKUR
PENEBUSAN	KEBENARAN
HUKUM	PENERAPAN
DIBERKATI	KETAATAN — Yosua
	(TANAH DIBERIKAN)
DIKUTUK	KETIDAKTAATAN
	(TANAH DIAMBIL) — 2 Raja-Raja
PERJANJIAN BERLAKU	PERJANJIAN DINYATAKAN
SEBAB	AKIBAT

'YOSUA' ~ GARIS BESAR

1. PENUGASANNYA (1)
 a. Peneguhan Tuhan (ay. 1-9)
 b. Semangat manusia (ay. 10-18)

2. PERINTAHNYA (2-22)

A. MEMASUKI (2-5)
 I. Sebelum (2)
 II. Selama (3-4)
 III. Sesudah (5^{1-12})
 IV. Panglima balatentara Tuhan (5^{13-15})

B. MENAKLUKKAN (6-12)
 I. Tengah (6-8)
 II. Selatan (9-10)
 III. Utara (11)
 IV. Daftar raja-raja yang ditaklukkan (12)

C. MEMBAGI (13-22)
 I. Tepi timur (13)
 II. Tepi barat (14-19)
 III. Kota-kota khusus (20-21)
 IV. Mezbah suku-suku yang menyeberang balik (22)

3. KOMITMENNYA (23 - 24)
 a. Jabatan kepemimpinan (23)
 b. Sumpah kesetiaan (24)

www.davidpawson.org Membuka Isi Alkitab

YOSUA BAGIAN 2

YOSUA BAGIAN 2

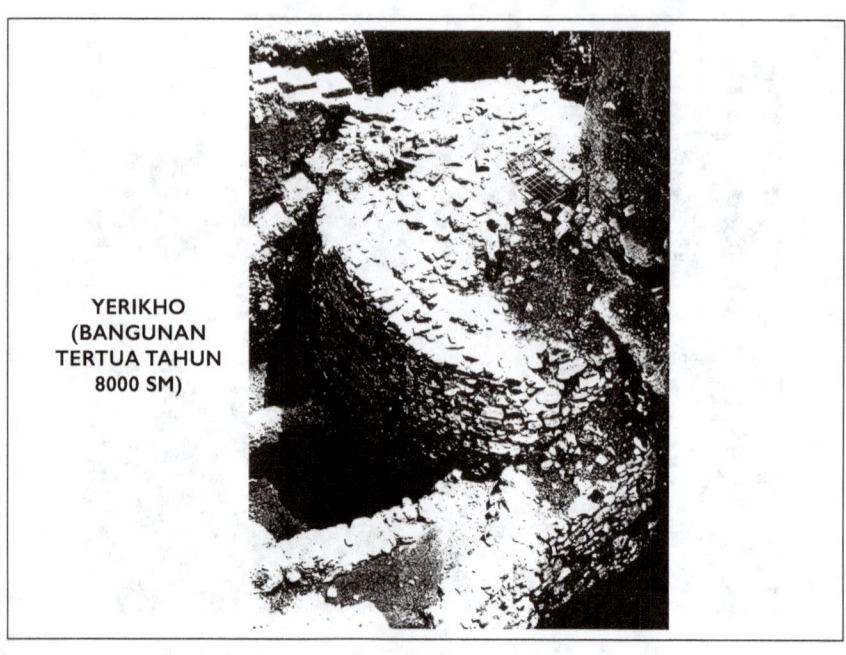

YERIKHO (BANGUNAN TERTUA TAHUN 8000 SM)

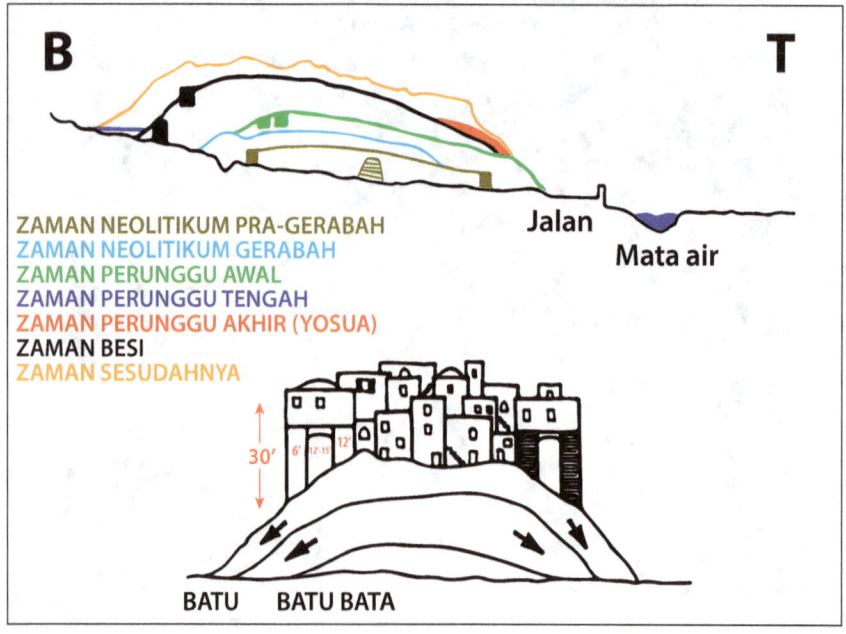

ZAMAN NEOLITIKUM PRA-GERABAH
ZAMAN NEOLITIKUM GERABAH
ZAMAN PERUNGGU AWAL
ZAMAN PERUNGGU TENGAH
ZAMAN PERUNGGU AKHIR (YOSUA)
ZAMAN BESI
ZAMAN SESUDAHNYA

Jalan
Mata air

BATU   BATU BATA

YOSUA BAGIAN 2

Ai

'YOSUA' ~ GARIS BESAR

1. PENUGASANNYA (1)
      a. Peneguhan Tuhan (ay. 1-9)
      b. Semangat manusia (ay. 10-18)

2. PERINTAHNYA (2-22)
A. MEMASUKI (2-5)
   I. Sebelum (2)
   II. Selama (3-4)
   III. Sesudah (5^{1-12})
   IV. Panglima balatentara Tuhan (5^{13-15})

B. MENAKLUKKAN (6-12)
   I. Tengah (6-8)
   II. Selatan (9-10)
   III. Utara (11)
   IV. Daftar raja-raja yang ditaklukkan (12)

C. MEMBAGI (13-22)
   I. Tepi timur (13)
   II. Tepi barat (14-19)
   III. Kota-kota khusus (20-21)
   IV. Mezbah suku-suku yang menyeberang balik (22)

3. KOMITMENNYA (23 - 24)
      a. Jabatan kepemimpinan (23)
      b. Sumpah kesetiaan (24)

YOSUA BAGIAN 2

LEMBAH AYALON

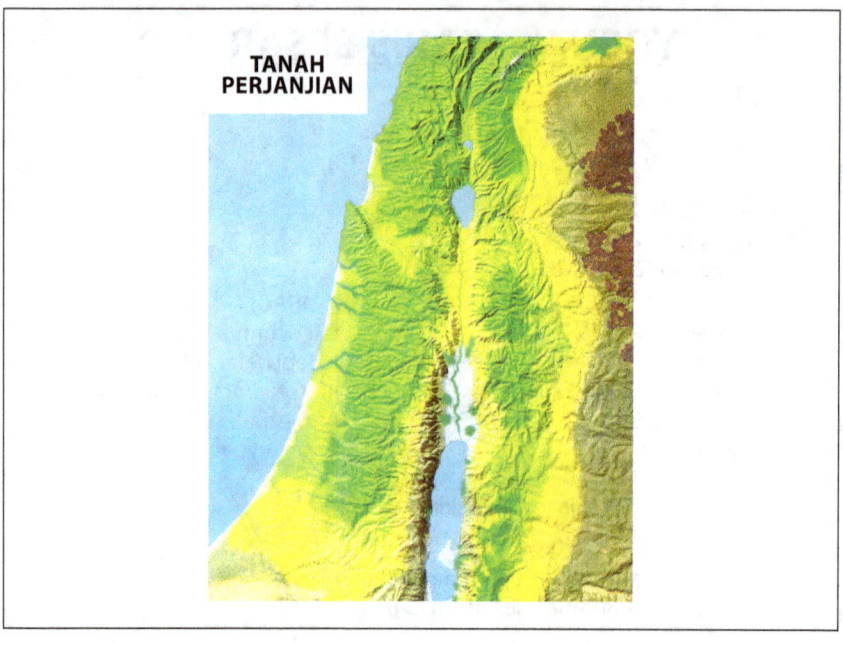
TANAH PERJANJIAN

YOSUA BAGIAN 2

A. INTERVENSI ILAHI
Tanpa Tuhan, manusia tidak mampu melakukannya.
  1. PERKATAAN TUHAN
  2. TINDAKAN TUHAN

B. KERJA SAMA MANUSIA
Tanpa manusia, Tuhan tidak akan melakukannya.

  1. SIKAP MANUSIA
      Keyakinan
  2. TINDAKAN MANUSIA — YERIKHO
      Ketaatan

  SIKAP YANG SALAH
      Keyakinan pada diri sendiri
  TINDAKAN YANG SALAH — AI
      Ketidaktaatan

Ditaklukkan oleh pasukan yang lebih kuat (7)
Ditipu dengan trik yang samar (9)
Dipecah-belah oleh pengkhianatan yang disangka baik (22)

HAKIM-HAKIM DAN RUT BAGIAN 1

SEJARAH — PRIBADI-PRIBADI / ORANG-ORANG / POLA / TUJUAN

KEGAGALAN MANUSIA (Hakim-Hakim)

PENGGENAPAN ILAHI (Rut)

MASA LALU → MASA SEKARANG → MASA DEPAN

PARA PENINDAS	PARA PEMBEBAS ("Hakim-Hakim")
RAJA YERIKHO	OTNIEL
RAJA MOAB	EHUD
ORANG AMON	SAMGAR
ORANG AMALEK	* DEBORA / BARAK
* ORANG FILISTIN	** GIDEON
RAJA HAZOR	TOLA
ORANG MIDIAN DAN BANGSA TIMUR	YAIR
ORANG AMALEK	YEFTA
* ORANG FILISTIN	EBZAN
ORANG AMON	ELON
ORANG AMON	ABDON
* ORANG FILISTIN	*** SIMSON

Kelemahan manusia : kekuatan Tuhan

HAKIM-HAKIM DAN RUT BAGIAN I

www.davidpawson.org  Membuka Isi Alkitab

HAKIM-HAKIM DAN RUT BAGIAN I

MATA AIR GIDEON (MATA AIR HAROD)

GARIS BESAR KITAB HAKIM-HAKIM

A. KOMPROMI YANG TAK DAPAT DIBENARKAN (1.1 - 3.6)

    1. IZIN KHUSUS (lembah-lembah yang rawan)
    2. PERSEKUTUAN (perkawinan campur)

B. TINDAKAN YANG TAK DAPAT DIPERBAIKI (3.7 - 16.31)

    1. HASUTAN (oleh orang-orang)
    2. PENAKLUKAN (oleh musuh)
    3. PERMOHONAN (kepada Tuhan)
    4. PENYELAMATAN (oleh pembebas)

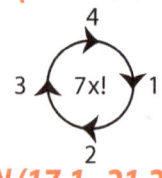

C. KECEMARAN YANG TAK TERHINDARKAN (17.1 - 21.25)

    1. PENYEMBAHAN BERHALA (di utara) : DAN
    2. IMORALITAS (di selatan) : <u>BENYAMIN</u>

*Tidak ada raja pada masa itu
Melakukan yang benar menurut pandangannya sendiri*

www.davidpawson.org  Membuka Isi Alkitab

HAKIM-HAKIM DAN RUT BAGIAN 2

BETLEHEM

LADANG-LADANG BOAS

www.davidpawson.org   Membuka Isi Alkitab

HAKIM-HAKIM DAN RUT BAGIAN 2

GARIS BESAR KITAB RUT

A. DUA WANITA YANG TAK TERPISAHKAN
1. **KEHILANGAN** SANG IBU MERTUA
2. **KESETIAAN** SANG MENANTU PEREMPUAN

B. DUA PRIA BERPENGARUH
1. **KASIH** SANG KERABAT YANG MENEBUS
2. **GARIS KETURUNAN** SANG RAJA

Hakim-Hakim - Benyamin yang jahat - Saul
Rut - Betlehem yang baik - Daud } Samuel

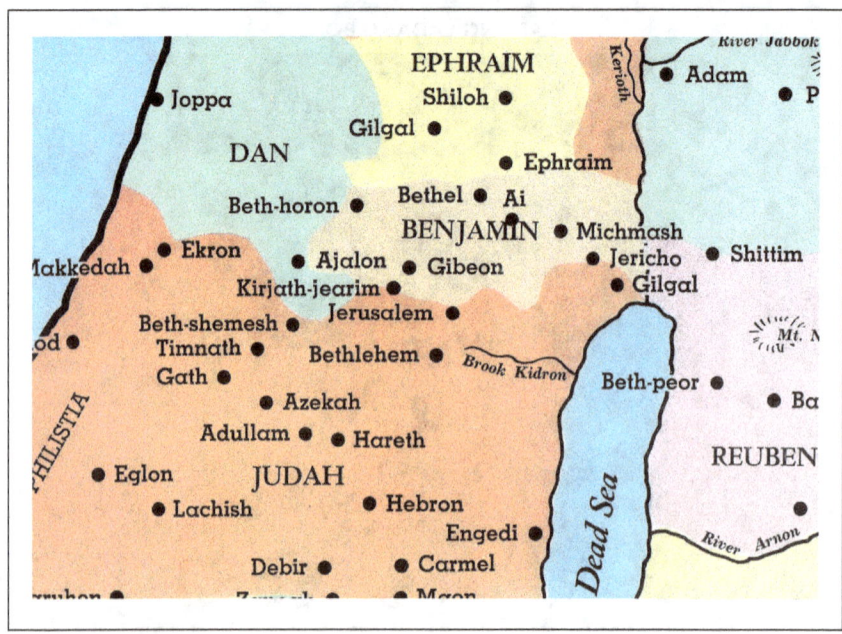

www.davidpawson.org Membuka Isi Alkitab

1 DAN 2 SAMUEL BAGIAN 1

I SAMUEL

A. SAMUEL : HAKIM TERAKHIR (1-12)

1. **HANA** - istri yang cemas (1-2a)
2. **ELI** - imam yang menderita sakit (2b-3)
3. **ISRAEL** - pasukan yang congkak (4-7)
4. **SAUL** - raja yang diurapi (8-12)

B. SAUL : RAJA PERTAMA (13-31)

1. **YONATAN** - putra petualang (13-14a)
2. **SAMUEL** - nabi pemarah (14b-15)
3. **DAUD** - pesaing yang nyata (16-26)
   - a. Gembala yang sederhana ⎫
   - b. Pemusik yang terampil   ⎬ DI DALAM
   - c. Petarung yang ahli   ⎭
   - d. Orang dalam istana yang dicurigai ⎫
   - e. Penjahat yang buron   ⎬ DI LUAR
   - f. Orang buangan yang berperang   ⎭
4. **FILISTIN** - musuh yang agresif (27-31)

KUIL DI SILO

1 DAN 2 SAMUEL BAGIAN 1

EN-GEDI

BET-SEAN

www.davidpawson.org Membuka Isi Alkitab

I DAN 2 SAMUEL BAGIAN I

II SAMUEL

C. DAUD: RAJA TERBAIK (1-31)

1. NAIK DENGAN KEMENANGAN GEMILANG (1-9)
  a. Satu suku
  b. Bangsa yang tenteram } NAIK
  c. Kerajaan yang luas

2. TURUN SECARA TRAGIS (10-20)
  a. Pria yang tertimpa aib
  b. Keluarga yang terpecah-belah } TURUN
  c. Rakyat yang kecewa

  Epilog (21-24)

  KEHIDUPAN DAUD

  1. MASUK } SEBELUM BERTAKHTA   3. NAIK } SETELAH BERTAKHTA
  2. KELUAR   4. TURUN

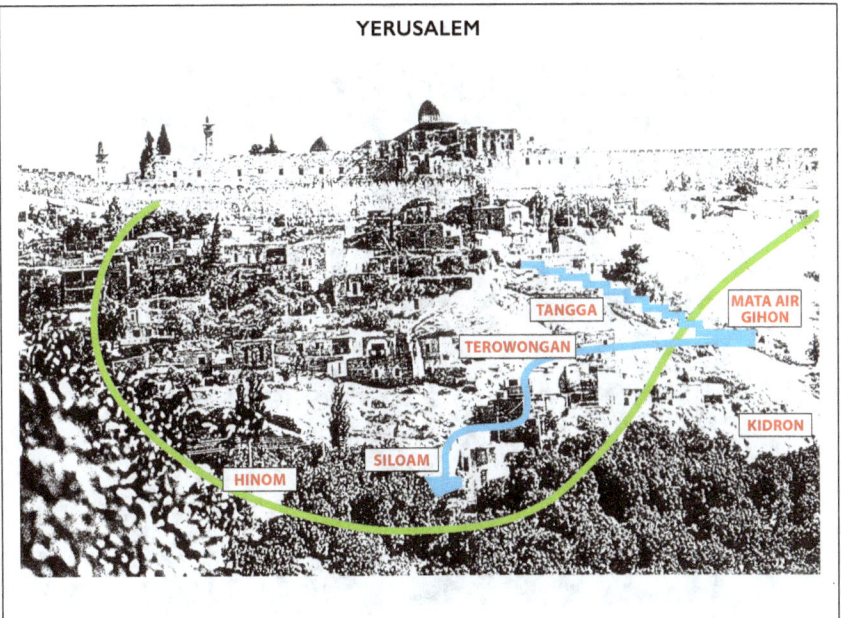

YERUSALEM — MATA AIR GIHON, TANGGA, TEROWONGAN, SILOAM, HINOM, KIDRON

© David Pawson 2025

1 DAN 2 SAMUEL BAGIAN 1

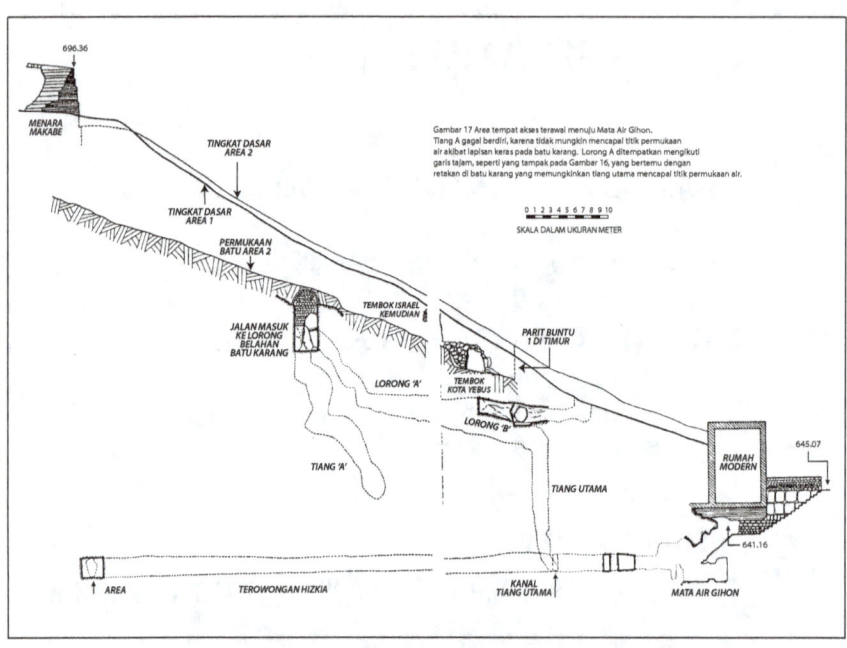

Gambar 17 Area tempat akses terawal menuju Mata Air Gihon. Tiang A gagal berdiri, karena tidak mungkin mencapai titik permukaan air akibat lapisan keras pada batu karang. Lorong A ditempatkan mengikuti garis tajam, seperti yang tampak pada Gambar 16, yang bertemu dengan retakan di batu karang yang memungkinkan tiang utama mencapai titik permukaan air.

TEROWONGAN HIZKIA (TEROWONGAN SILOAM)

1 DAN 2 SAMUEL BAGIAN 2

KUBUR SAMUEL

II SAMUEL

C. DAUD: RAJA TERBAIK (1-31)

1. NAIK DENGAN KEMENANGAN GEMILANG (1-9)
   a. Satu suku
   b. Bangsa yang tenteram } **NAIK**
   c. Kerajaan yang luas

2. TURUN SECARA TRAGIS (10-20)
   a. Pria yang tertimpa aib
   b. Keluarga yang terpecah-belah } **TURUN**
   c. Rakyat yang kecewa

Epilog (21-24)

KEHIDUPAN DAUD

1. MASUK } SEBELUM BERTAKHTA   3. NAIK } SETELAH BERTAKHTA
2. KELUAR   4. TURUN

1 DAN 2 SAMUEL BAGIAN 2

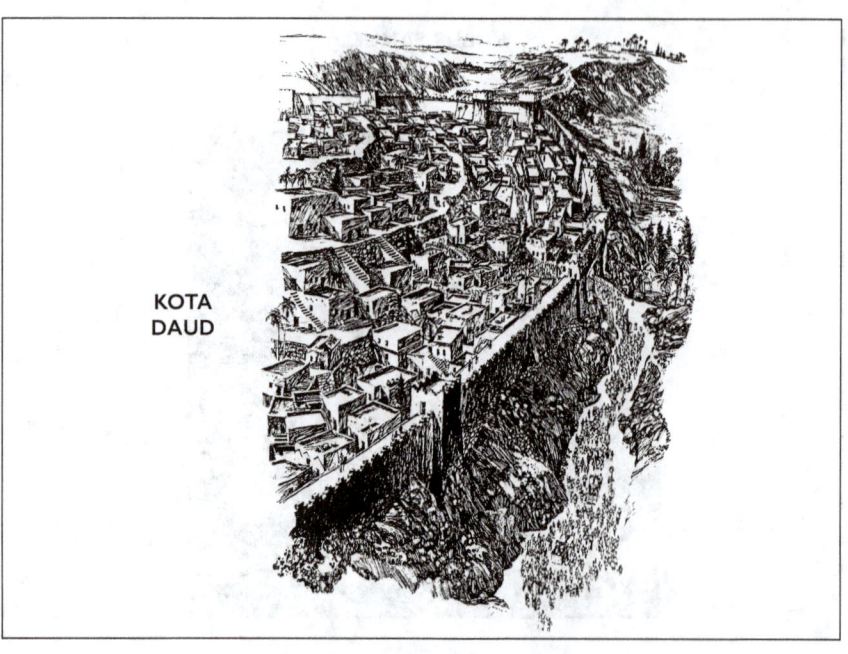

KOTA DAUD

NARASI PL
TINGKAT PEMBELAJARAN

1. **ANEKDOT (kisah-kisah menarik)**
   - *a. ANAK-ANAK*
   - *b. ORANG DEWASA*

2. **RENUNGAN (pesan pribadi)**
   - *a. TUNTUNAN*
   - *b. PENGHIBURAN*

3. **BIOGRAFI (studi tokoh)**
   - *a. INDIVIDU*
   - *b. SOSIAL*

4. **SEJARAH (perkembangan bangsa)**
   - *a. KEPEMIMPINAN*
   - *b. STRUKTUR*

5. **KRITIS (kemungkinan kesalahan)**
   - *a. "DASAR" ~ teks*
   - *b. "LANJUTAN" ~ konteks*

6. **TEOLOGI** (penyediaan oleh pihak yang berkuasa di atas)
   - *a. KEADILAN ~ ganjaran*
   - *b. BELAS KASIHAN ~ penebusan*

1 DAN 2 RAJA-RAJA BAGIAN 1

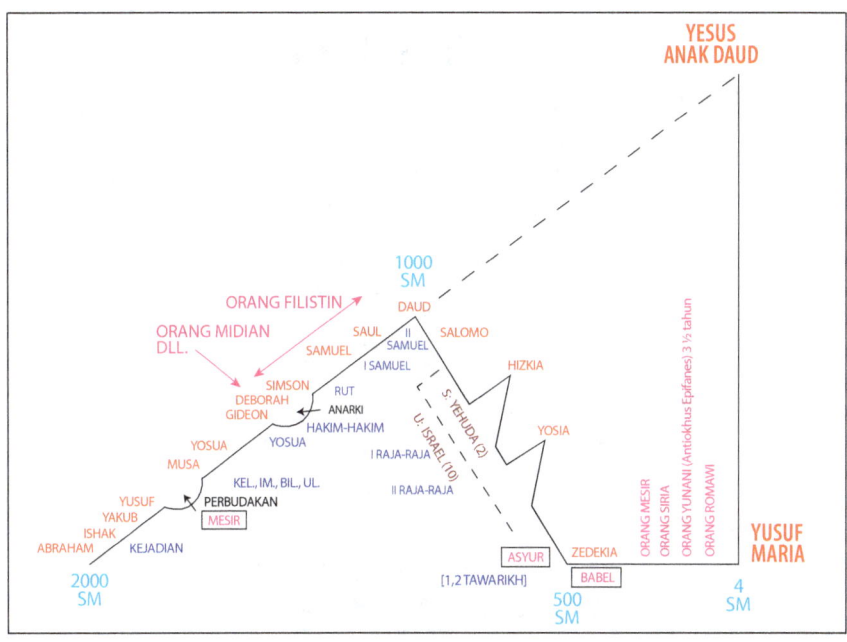

SEJARAH ISRAEL

TIGA MASA, DIPIMPIN OLEH:

NABI - Musa sampai Samuel
RAJA - Saul sampai Zedekia
IMAM - Zerubabel sampai Kayafas

"KERAJAAN(-KERAJAAN) ISRAEL"

DIULAS DALAM EMPAT KITAB

I SAMUEL - Samuel sampai Daud
II SAMUEL - Daud

I RAJA-RAJA - Salomo sampai Ahab
II RAJA-RAJA - Ahab sampai Zedekia

DUA KITAB DALAM BAHASA IBRANI
EMPAT KITAB DALAM BAHASA YUNANI (LXX) "Kerajaan-kerajaan"

DALAM KITAB SUCI IBRANI
BUKAN "SEJARAH"
MELAINKAN "NUBUAT" (Hukum, Perkataan Nabi-Nabi, Naskah Tulisan)

"NABI-NABI AWAL"
(YOSUA, HAKIM-HAKIM, SAMUEL, RAJA-RAJA)

"NABI-NABI KEMUDIAN"
(YESAYA, YEREMIA, YEHEZKIEL + DUA BELAS)

1 DAN 2 RAJA-RAJA BAGIAN 1

KERAJAAN ISRAEL

1. KERAJAAN BERSATU

    SAUL   40 (I Samuel)
    DAUD   40 (II Samuel)
    SALOMO   40 (I Raja-Raja 1-10)

2. KERAJAAN TERPECAH

    YEHUDA ~ 2 SUKU DI SELATAN
    ISRAEL ~ 10 SUKU DI UTARA
    PERANG 80 (I 12-16)
    DAMAI 80 (I 16 - II 10)   ELIA (I 17 - II 2)
    PERANG 50 (II 11-17)   ELISA (I 19 - II 9)
        ISRAEL SAMPAI ASYUR 721 SM

3. SATU KERAJAAN TUNGGAL

    YEHUDA ("Yahudi") 140 (II 18-25)
    YEHUDA SAMPAI BABEL 587 SM

1 DAN 2 RAJA-RAJA BAGIAN 2

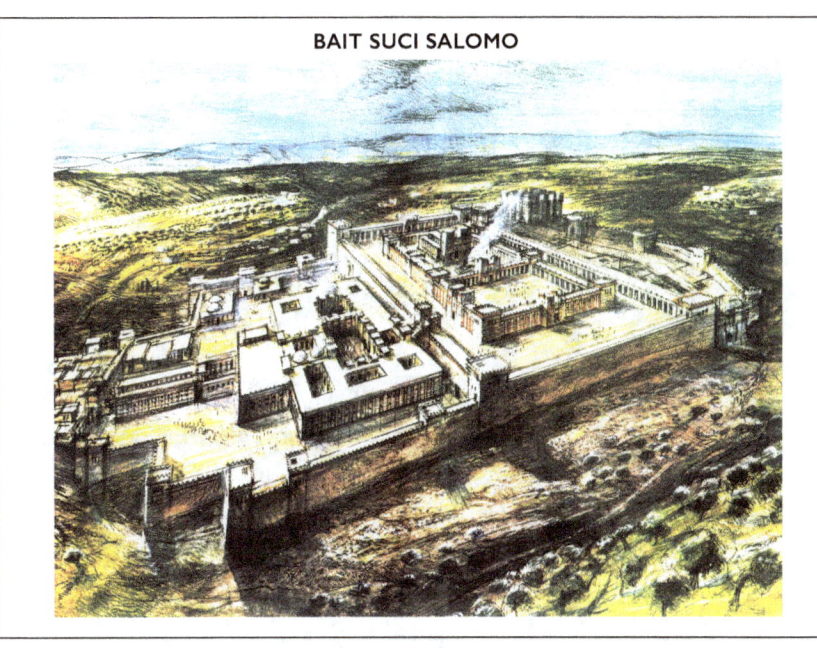

BAIT SUCI SALOMO

GUA TAMBANG DI BAWAH

www.davidpawson.org   Membuka Isi Alkitab

1 DAN 2 RAJA-RAJA BAGIAN 2

RAJA-RAJA

ISRAEL (U.10) **YEHUDA (S.2)**

DICOCOKKAN

ISRAEL	YEHUDA
TANGGAL NAIK TAKHTA	TANGGAL NAIK TAKHTA
NAMA IBU KOTA	USIA NAIK TAKHTA
MASA KEPEMIMPINAN	MASA KEPEMIMPINAN
PENILAIAN (JAHAT)	NAMA IBU
NAMA AYAH	PENILAIAN (BAIK atau JAHAT)
REFERENSI SUMBER	REFERENSI SUMBER
KEMATIAN	KEMATIAN DAN PENGUBURAN
PUTRA (KECUALI PEREBUT TAKHTA)	PUTRA (PENERUS TAKHTA)

dibandingkan dengan Yeroboam   dibandingkan dengan Daud

UTARA "ISRAEL" (10) — SELATAN "YEHUDA" (2)

Para Nabi	Raja-Raja	Raja-Raja	Para Nabi
AHIA	YEROBEAM	REHABEAM	SEMAYA
	NADAB	ABIAM	
YEHU	BAESA	ASA	
	ELA		
	ZIMRI		
	OMRI		
ELIA	AHAB	YOSAFAT	OBAJA
MIKHAYA	AHAZIA	YORAM	
	YORAM		
ELISA	YEHU	AHAZIA	
	YOAHAS	ATALYA	
	YOAS	YOAS	YOEL
YUNUS	YEROBEAM II	AMAZIA	
AMOS	ZAKHARIA	UZIA	
	SALUM		
	MENAHEM	YOTAM	YESAYA
	PEKAHYA		MIKHA
	PEKAH	AHAZ	
	HOSEA	HIZKIA	
		MANASYE	
	721 SM		
		AMON	NAHUM
		YOSIA	YEREMIA
		YOAHAS	ZEFANYA
		YOYAKIM	HABAKUK
		YOYAKHIN	DANIEL
		ZEDEKIA	
		587 SM	YEHEZKIEL

Sangat baik
Baik
Jahat
Sangat Jahat
Ratu

www.davidpawson.org Membuka Isi Alkitab

1 DAN 2 TAWARIKH

BAHASA IBRANI — PERJANJIAN LAMA — BAHASA INGGRIS

HUKUM (Taurat, Lima Kitab Pertama)
Pada mulanya (Kej.)
Inilah nama-nama-Nya (Kel.)
Dan Dia memanggil (Im.)
Di padang gurun (Bil.)
Inilah perkataan-Nya (Ul.)

PARA NABI

YANG AWAL	* Yosua * Samuel(1)	* Hakim-Hakim * Raja-Raja(1)
YANG KEMUDIAN	Yesaya Yehezkiel Yoel Obaja Mikha Habakuk Hagai	Yeremia Hosea Amos Yunus Nahum Zefanya Zakharia

Maleakhi

TULISAN
* Pujian (Mazmur)
* Ayub
* Amsal
* Rut
* Kidung Agung
* Sang Pengkhotbah (kitab Pengkhotbah)
* "Ah" (Ratapan)

* Ester
* Daniel
* Ezra
* Nehemia
* 1,2 Riwayat hari-hari
      (Tawarikh)

(Lukas 24 ²⁷,⁴⁴) "naik" (*aliya*)

SEJARAH (masa lalu)
* Kejadian
* Keluaran
* Imamat
* Bilangan
* Ulangan
* Yosua
* Hakim-Hakim
* Rut
* 1,2 Samuel
* 1,2 Raja-Raja
* 1,2 Tawarikh
* Ezra
   Nehemia
   Ester

PUISI (masa sekarang)
* Ayub   * Mazmur
* Amsal   * Pengkhotbah
       * Kidung Agung

NUBUATAN (masa depan)

BESAR (4)	Yesaya Yeremia Ratapan Yehezkiel Daniel
KECIL (12)	Hosea Yoel Amos Obaja Yunus Mikha Nahum Habakuk Zefanya Hagai Zakharia Maleakhi

"kutukan"

PEMILIHAN	KETERKAITAN	EVALUASI
SAMUEL/RAJA-RAJA		**TAWARIKH**
500 tahun		Mulai lebih awal, selesai lebih akhir
Ditulis langsung setelah kejadian		Ditulis jauh setelah kejadian
Sejarah politik		Sejarah agama
Pandangan nabi		Pandangan imam
Raja-raja { wilayah utara / wilayah selatan		Raja-raja wilayah selatan
Kegagalan manusia		Kesetiaan Tuhan
Kejahatan raja		Kebajikan raja
Negatif		Positif
Moral - kebenaran		Spiritual - ritual
NABI		**IMAM**

1 DAN 2 TAWARIKH

GARIS BESAR	TEMA
I RAJA YANG KUDUS	**ORANG-ORANG BUANGAN YANG KEMBALI**
1-9 ADAM sampai SAUL	*SIAPA MEREKA -*
Raja pertama Israel	BANGSA YANG PUNYA AKAR
10-29 DAUD dan BAHTERA	
Raja terbaik Israel	*KAUM APAKAH MEREKA -*
	KAUM KERAJAAN
II RAJA-RAJA YANG KUDUS	
1-9 SALOMO dan BAIT SUCI	*MENGAPA MEREKA KEMBALI -*
Raja terakhir Israel	UMAT YANG BERIBADAH
10-36 YEROBEAM sampai ZEDEKIA	
Raja-raja terbaik Yehuda	
Raja terakhir Yehuda	
TAKHTA DAN BAIT SUCI	

www.davidpawson.org  Membuka Isi Alkitab

EZRA DAN NEHEMIA BAGIAN I

DUA KALI PEMBUANGAN
1. 'ISRAEL' (10 SUKU) → ASYUR 721
2. 'YEHUDA' (2 SUKU) → BABEL 586
   (inc. BENJAMIN)
   "Yahudi"

TIGA KALI DEPORTASI
1. KALANGAN ISTANA (DANIEL) 606
2. PARA PENGRAJIN (YEHEZKIEL) 597
3. SISANYA 586   NEBUKADNEZAR

70 TAHUN

TIGA KALI KEMBALI   PERSIA
1. ZERUBABEL (50.000) 537   KORESH
   YEHUDA, BENYAMIN   DARIUS I
                               (AHASYWEROS)
2. EZRA (1.800) 458
   PARA IMAM, SEDIKIT ORANG LEWI } ARTAHSASTA I
3. NEHEMIA 444

(10 suku undur kembali kemudian)

EZRA   NEHEMIA

1-2 KEPULANGAN I   **1-2 KEPULANGAN III**
ab   ab

3-6 PEMBANGUNAN   **3-7 PEMBANGUNAN**
      KEMBALI   KEMBALI
abc   abc

7-8 KEPULANGAN II   **8-10 PEMBAHARUAN**
abc   abc

9-10 REFORMASI   **11-13 REFORMASI**
ab   ab

Pasal 9 Doa pengakuan

© David Pawson 2025

EZRA DAN NEHEMIA BAGIAN I

EZRA
GARIS BESAR KITAB

1. KEPULANGAN I (1-2)
  a. KORESH: perintah untuk membangun bait suci (1)
  b. ZERUBABEL: dan rekan-rekannya, 'naik' (2)

2. PEMBANGUNAN KEMBALI (3-6)
  a. YESUA: mezbah dan fondasi bait suci (3)
  b. ARTAHSASTA: surat diterima (4)
  c. DARIUS: surat diterima dan dikirimkan (5-6)

3. KEPULANGAN II (7-8)
  a. EZRA: dan rekan-rekannya, 'naik' (7a)
  b. ARTAHSASTA: surat dikirimkan (7b)
  c. SUKU LEWI: 'naik' (8)

4. REFORMASI (9-10)
  a. Doa syafaat pribadi (9)
  b. Pengakuan dosa publik (10)

EZRA DAN NEHEMIA BAGIAN 2

NEHEMIA
GARIS BESAR KITAB

1. KEPULANGAN III (1-2)
    a. KABAR BURUK (1)
    b. INSPEKSI RAHASIA (2)

2. PEMBANGUNAN KEMBALI (3-7)
    a. MEMBANGUN KUBU PERTAHANAN (3)
    b. MENEMUI KESULITAN (4-6)
        i. Perlawanan dari luar ii. Eksploitasi di dalam
    C. MEMBUAT DAFTAR KETURUNAN (7)

3. PEMBAHARUAN (8-10)
    a. KITAB SUCI DISAMPAIKAN (8)
    b. DOSA DIAKUI (9)
    c. KEPATUHAN DITEKANKAN DALAM PERJANJIAN (10)

4. REFORMASI (11-13)
    a. KUANTITAS YANG MENCUKUPI (11)
    b. KUALITAS SPIRITUAL (12-13)
        i. Dana yang disalahgunakan   iii. Perkawinan campur
        ii. Hari Sabat dinodai   iv. Kewajiban dilalaikan

YERUSALEM YANG ASLI

EZRA DAN NEHEMIA BAGIAN 2

PUNGGUNG BUKIT YERUSALEM

PUNGGUNG BUKIT YERUSALEM

www.davidpawson.org   Membuka Isi Alkitab

EZRA DAN NEHEMIA BAGIAN 2

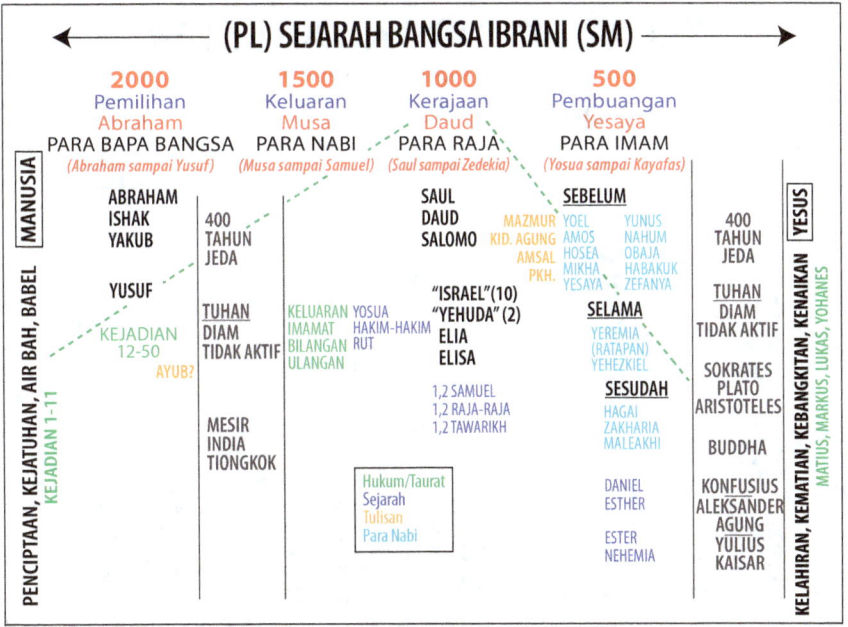

www.davidpawson.org   Membuka Isi Alkitab

ESTER

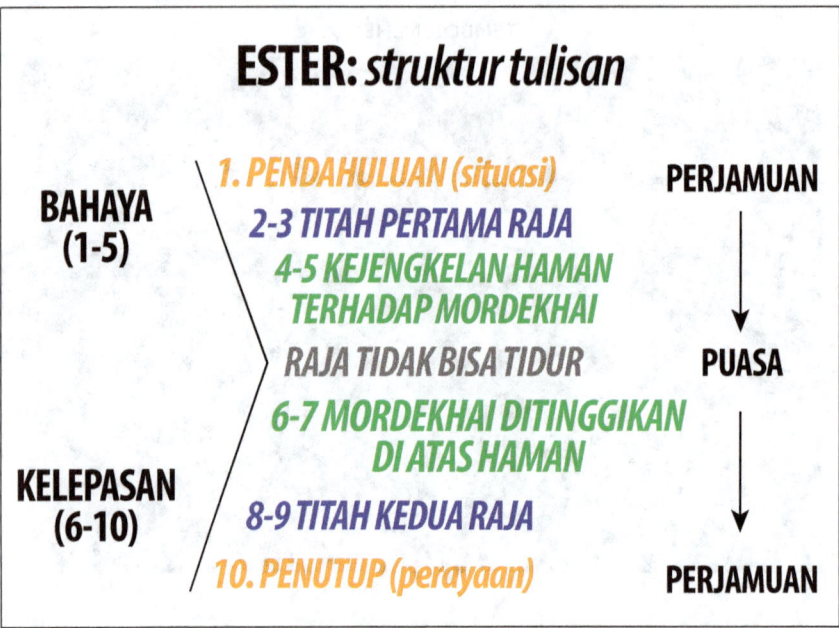

TEKA-TEKI KATA KITAB ESTER
(nama TUHAN, dalam Alkitab bahasa Inggris)

1.20	5.4	5.13	7.7	7.5
D**ue** R**espect** O**ur** L**adies** S**hall** G**ive** T**o** T**heir** H**usbands,** B**oth** T**o** G**reat** A**nd** S**mall**	**L**et **O**ur **R**oyal **D**inner **T**his **D**ay **B**e **G**raced **B**y **K**ing **A**nd **H**aman	**Y**et **I** **A**m **S**ad **F**or **N**o **A**vail **I**s **A**ll **T**his **T**o **M**e	**F**or **H**e **S**aw **T**hat **T**here **W**as **E**vil **T**o **F**ear **D**etermined **A**gainst **H**im **B**y **T**he **K**ing	**W**here **D**welleth **T**he **E**nemy **T**hat **D**areth **P**resume **I**n **H**is **H**eart **T**o **D**o **T**his **T**hing **?**
HVHJ DIEJA MUNDUR BANGSA KAFIR BERBICARA TENTANG RATU	**JHVH** DIEJA MAJU BANGSA YAHUDI BERBICARA OLEH RATU	**HVHJ** DIEJA MUNDUR BANGSA KAFIR BERBICARA OLEH HAMAN	**JHVH** DIEJA MAJU BANGSA YAHUDI MENULIS TENTANG HAMAN	**EHYH** DIEJA MUNDUR BANGSA KAFIR BERBICARA - "AKU ADALAH AKU" (KEL. 3:15)

© David Pawson 2025

www.davidpawson.org  Membuka Isi Alkitab

AYUB BAGIAN 1 DAN 2

STRUKTUR KITAB AYUB

A. PENDAHULUAN (1-2) prosa
   Dua babak: TUHAN dan IBLIS

B. PERCAKAPAN (3-42^6) puisi
   1. MANUSIA (3-37)
      a. ELIFAS, BILDAD, ZOFAR (3-31)
         i. Babak 1 (3-14)
         ii. Babak 2 (15-21)
         iii. Babak 3 (22-31)
      b. ELIHU (32-37)
         Sebuah monolog!
   2. TUHAN (38-42^6)
      i. Babak 1 (38-39)
      ii. Babak 2 (40-42^6)

C. PENUTUP (42$^{7-17}$)
   Babak final: TUHAN dan AYUB

TIGA SAHABAT AYUB

ELIFAS   BILDAD   ZOFAR

ORANG BENAR SEJAHTERA
ORANG FASIK MENDERITA

SIFAT MAHA BESAR TUHAN   SIFAT MAHA KUASA TUHAN   SIFAT MAHA TAHU TUHAN

PUISI IBRANI

PUISI IBRANI
"PARALELISME" Rima dalam gagasan
Keseimbangan MAKNA, bukan BUNYI

1. SINONIM — Gagasan yang sama - kata-kata yang berbeda

a. HANYA DIULANG
"Ke mana aku dapat pergi menjauhi roh-Mu?"
"Ke mana aku dapat lari dari hadapan-Mu?"

b. DILANJUTKAN
"Ya Tuhan, janganlah menghukum aku dalam murka-Mu,
dan janganlah menghajar aku dalam kepanasan amarah-Mu
Kasihanilah aku, Tuhan, sebab aku merana,
sembuhkanlah aku, Tuhan, sebab tulang-tulangku gemetar."

2. ANTITESIS — Gagasan yang bertentangan

"Orang-orang yang menabur dengan mencucurkan air mata
akan menuai dengan bersorak-sorai.
Orang yang berjalan maju dengan menangis sambil menabur benih,
pasti pulang dengan sorak-sorai sambil membawa berkas-berkasnya."

3. SINTESIS — Gagasan yang melengkapi

"Tuhan adalah gembalaku,
takkan kekurangan aku;
Ia membaringkan aku di padang yang berumput hijau
Ia membimbing aku ke air yang tenang."

www.davidpawson.org Membuka Isi Alkitab

MAZMUR BAGIAN I

MAZMUR

KITAB-KITAB   NAMA-NAMA TUHAN

	YAHWEH	ELOHIM
I 1-41 (41)	272	15
II 42-72 (30)	74	207
III 73-89 (16)	13	36
IV 90-106 (16)	} 339	7
V 107-150 (43)		

PENULIS

DAUD ~ kebanyakan pasal di bagian I dan II, sebagian pasal di bagian V
ANAK-ANAK KORAH ~ di bagian II (42-49) dan III
ANAK-ANAK ASAF ~ di bagian III (73-83)
ANONIM ~ sebagian pasal di bagian IV, kebanyakan pasal di bagian V
MUSA ~ satu pasal di bagian IV (90)

EN-GEDI

www.davidpawson.org Membuka Isi Alkitab

MAZMUR BAGIAN 1 DAN 2

MASADA

MAZMUR

KELOMPOK:

22-24 : Salib, tongkat, dan mahkota
96-99 : Tuhan adalah Raja
113-118 : Halel (Paskah)
120-134 : Kidung kenaikan
146-150 : Haleluya!

JENIS:

RATAPAN (sebagian besar)
UCAPAN SYUKUR (banyak)
PERTOBATAN (sedikit)

KATEGORI KHUSUS:

KERAJAAN
MESIANIK
HIKMAT
KUTUKAN

www.davidpawson.org Membuka Isi Alkitab

AMSAL BAGIAN 1 DAN 2

GARIS BESAR KITAB AMSAL

[PENDAHULUAN 1$^{1-7}$]
NASIHAT BAGI ORANG MUDA (1^8-9^{18})
DARI AYAH TENTANG PEREMPUAN YANG FASIK
AMSAL-AMSAL SALOMO (10^1-22^{16})
DIKUMPULKAN OLEHNYA SENDIRI
PERKATAAN ORANG BIJAK (22^{17}-23^{14})
TIGA PULUH PERKATAAN
NASIHAT BAGI ORANG MUDA (23^{15}-24^{22})
PERKATAAN ORANG BIJAK (24$^{23-34}$)
ENAM PERKATAAN
AMSAL-AMSAL SALOMO (25^1-29^{27})
DISALIN OLEH HIZKIA

[AGUR 30$^{1-33}$]
NASIHAT BAGI ORANG MUDA (31$^{1-31}$)
DARI IBU TENTANG PEREMPUAN YANG BAIK

NASIHAT BAGI ORANG MUDA (1^8-9^{18})
DARI AYAH TENTANG PEREMPUAN YANG FASIK

1. HARUS DILAKUKAN:
   - taati orang tua (1$^{8-9}$)
   - mengejar dan mencari hikmat (1^{20}-3^{26}; 4$^{1-13}$; 8^1-9^{12})
   - berbuat baik kepada sesama (3$^{27-35}$)
   - menjaga hati (4$^{23-27}$)
   - setia kepada suami/istri (5$^{15-23}$)

2. JANGAN DILAKUKAN:
   - masuk dalam pergaulan buruk (1$^{10-19}$; 4$^{14-22}$)
   - berzinah (5$^{1-14}$; 6^{20}- 7^{27})
   - berutang (6$^{1-5}$)
   - malas (6$^{6-19}$)
   - bersahabat dengan perempuan bodoh (9$^{13-18}$)

AMSAL-AMSAL SALOMO (10^1-22^{16})
DIKUMPULKAN OLEHNYA SENDIRI

1. KONTRAS ~ kehidupan yang kudus dan yang jahat (10^1-15^{33})
2. INTI ISI ~ kehidupan yang kudus (16^1-22^{16})

AMSAL-AMSAL SALOMO (25^1-29^{27})
DISALIN OLEH HIZKIA

1. HUBUNGAN dengan raja (25$^{1-7}$)
   - sesama (25$^{8-20}$)
   - musuh (25$^{21-24}$)
   - diri sendiri (25$^{25-28}$)
   - orang bodoh (26$^{1-12}$)
   - pemalas (26$^{13-16}$)
   - penggosip (26$^{17-28}$)
2. KEBENARAN (27^1-29^{27})

NASIHAT BAGI ORANG MUDA (31$^{1-31}$)
DARI IBU TENTANG PEREMPUAN YANG BAIK

1. Raja sebuah bangsa (31$^{1-9}$)
2. Ratu sebuah rumah (31$^{10-31}$)

www.davidpawson.org  Membuka Isi Alkitab

PENGKHOTBAH

TUHAN ITU BERDAULAT
IA MENGATUR MUSIM:
HARI KELAHIRAN,
HARI KEMATIAN.
WAKTU UNTUK MENANAM,
WAKTU UNTUK MENUAI;
WAKTU UNTUK MEMBUNUH,
WAKTU UNTUK MENYEMBUHKAN.
WAKTU UNTUK MENGHANCURKAN,
WAKTU UNTUK MEMBANGUN;
WAKTU UNTUK MENDERITA,
WAKTU UNTUK BERSUKACITA;
WAKTU UNTUK MERATAP,
WAKTU UNTUK MENARI;
WAKTU UNTUK MENCIUM,
WAKTU UNTUK BERHENTI!

WAKTU UNTUK MENEMUKAN,
WAKTU UNTUK KEHILANGAN;
WAKTU UNTUK MENYIMPAN,
WAKTU UNTUK MENGHAMBURKAN;
WAKTU UNTUK MEROBEK,
WAKTU UNTUK MEMPERBAIKI;
WAKTU UNTUK BERDIAM,
WAKTU UNTUK BERBICARA.
WAKTU UNTUK MENCINTAI,
WAKTU UNTUK MEMBENCI;
WAKTU UNTUK BERPERANG,
WAKTU UNTUK DAMAI.
MAKA, NIKMATILAH SEMUANYA,
TETAPI INGATLAH....
TUHAN ITU BERDAULAT;
IALAH YANG MENENTUKAN.

www.davidpawson.org Membuka Isi Alkitab

YESAYA BAGIAN 1

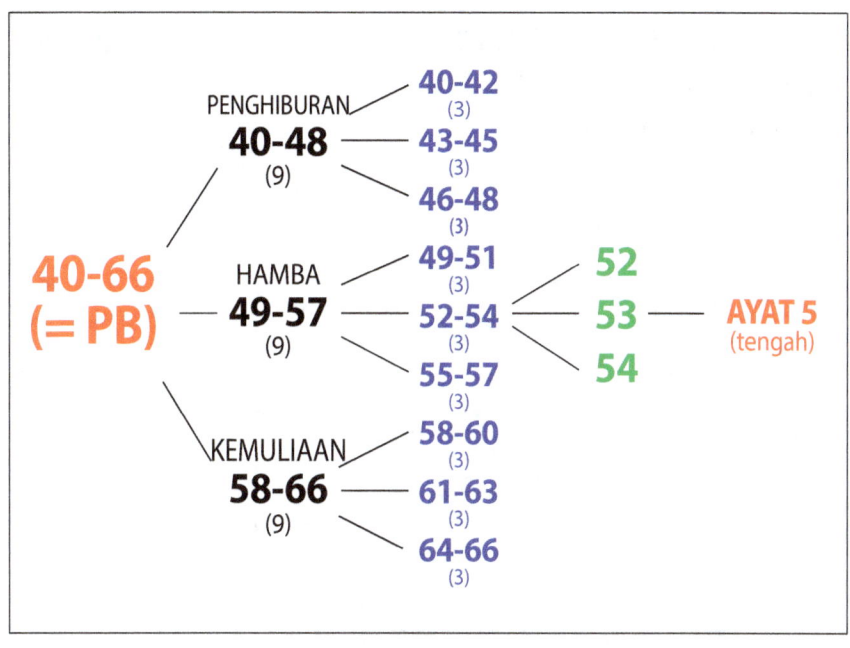

DOSA YANG SEPERTI KIRMIZI

YESAYA BAGIAN 1

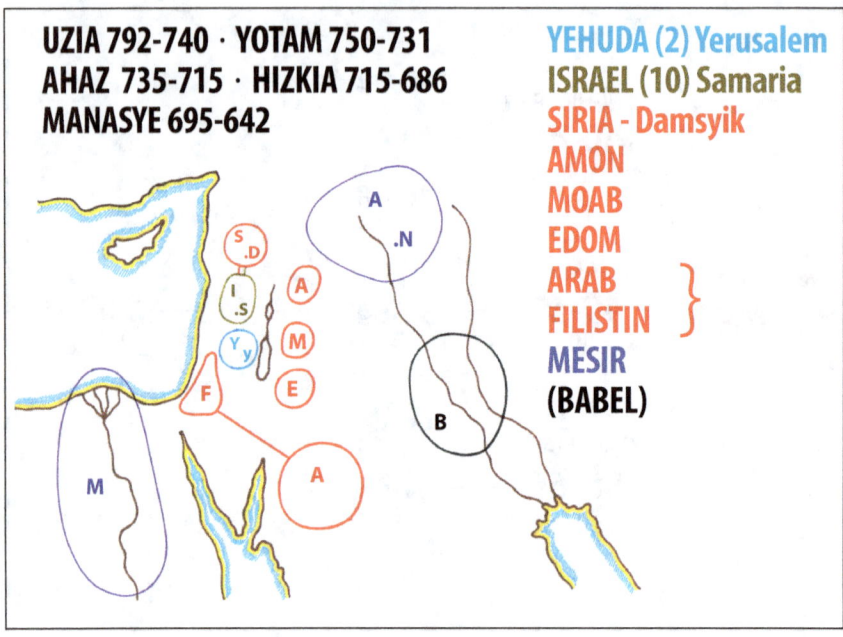

RAJA-RAJA	KARAKTER	PERANG		PERSEKUTUAN	KEJADIAN
UZIA 52	BAIK JAHAT	[FILISTIN ARAB] ASYUR	MENANG KALAH		Kusta AMOS U
YOTAM 19	BAIK	AMON [ISRAEL SIRIA]	MENANG MENANG	ASYUR	"Imanuel" HOSEA U
AHAZ 20	JAHAT	EDOM FILISTIN ASYUR	KALAH KALAH KALAH		Samaria jatuh } 721 Israel tamat
HIZKIA 29	BAIK	FILISTIN ASYUR	MENANG MENANG	MESIR	Terowongan air pasal 36-39
MANASYE 53	JAHAT	ASYUR	KALAH		Yesaya dibunuh

YESAYA BAGIAN I

KUBUR UZIA

SANHERIB
RAJA BANGSA
ASYUR

YESAYA BAGIAN I

TEROWONGAN HIZKIA (TEROWONGAN SILOAM)

UKIRAN TULISAN DI SILOAM

YESAYA BAGIAN I

PASUKAN ASYUR

TENGKORAK DI LUAR TEMBOK

www.davidpawson.org Membuka Isi Alkitab

YESAYA BAGIAN I

BAGIAN I (1-39=PL)	BAGIAN II (40-66=PB)
LEBIH BANYAK KABAR BURUK	LEBIH BANYAK KABAR BAIK
AKTIVITAS MANUSIA	AKTIVITAS TUHAN
DOSA DAN GANJARAN	PENYELAMATAN DAN PENEBUSAN
KEADILAN	BELAS KASIHAN
KONFRONTASI	PENGHIBURAN
TUHAN ATAS ISRAEL	PENCIPTA ALAM SEMESTA
SEBANGSA	DI SELURUH DUNIA
ISRAEL DAN SEKITARNYA	ISRAEL DAN BANGSA-BANGSA
TUHAN SEBAGAI API	TUHAN SEBAGAI BAPA
TANGAN TERACUNG UNTUK MENGHAJAR	TANGAN TERULUR UNTUK MENYELAMATKAN
KUTUK (KEMALANGAN)	BERKAT
"PEKERJAAN AJAIB"	"KABAR BAIK"
YAHUDI	YUNANI
ASYUR ------- (pasal 36-39) ------- BABEL	
SEBELUM PEMBUANGAN (MASA KINI)	SETELAH PEMBUANGAN (MASA DEPAN)

www.davidpawson.org Membuka Isi Alkitab

YESAYA BAGIAN 2

PERHIASAN YERUSALEM

BAGIAN I (1-39)

1-10 TEGURAN:
   YEHUDA · YERUSALEM
11-12 KEMULIAAN YANG AKAN DATANG
13-23 PENGHAKIMAN:
   BANGSA-BANGSA LAINNYA
24-34 PENGHAKIMAN:
   SAMARIA · YEHUDA
35 KEMULIAAN YANG AKAN DATANG
   36-39 ASYUR/BABEL

KABAR BURUK	KABAR BAIK
KETIDAKTAATAN	KAUM YANG TERSISA
PENDISIPLINAN	PULANG KEMBALI
BENCANA	MEMERINTAH *
KEPUTUSASAAN	BERSUKACITA

BAGIAN II (40-66)

40-48 PENGHIBURAN
49-57 PENYELAMATAN
58-66 KEMULIAAN

"kita" { TUHAN
         HAMBA   (menderita)*
         ROH }

MASA DEPAN:
   YERUSALEM
   BANGSA-BANGSA
   ALAM SEMESTA

© David Pawson 2025

YESAYA BAGIAN 2

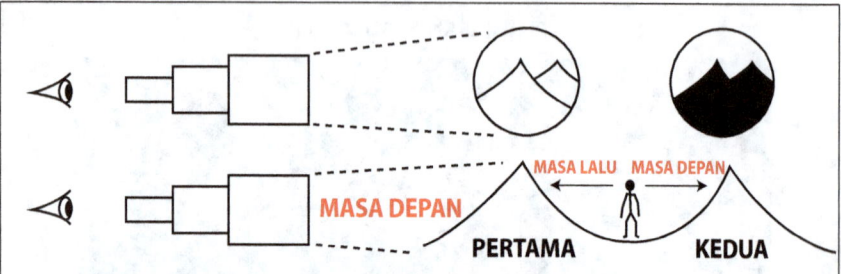

PENGGENAPAN GANDA DARI YESAYA:

KEDATANGAN PERTAMA
 "seorang hamba harus menderita" (BAGIAN II)

KEDATANGAN KEDUA
 "seorang raja akan memerintah" (BAGIAN I)

www.davidpawson.org Membuka Isi Alkitab

YEREMIA BAGIAN 1 DAN 2

YEREMIA

1. SAATNYA
- MANASYE
- AMON
- YOSIA
- YOAHAS
- YOYAKIM
- YOYAKHIN
- ZEDEKIA

KELAHIRAN
MASA KANAK-KANAK
} YEREMIA BERNUBUAT

2. ORANGNYA
- IMAM
- NABI
- PUJANGGA

3. METODENYA
- BERBICARA
- BERMAIN PERAN
- MENULIS

4. PESANNYA
SEPERTI YANG LAIN
a. UMAT YANG MURTAD
b. BENCANA YANG PASTI DATANG
c. PEMULIHAN AKHIR
d. MUSUH-MUSUH DIHUKUM
BERBEDA DARI YANG LAIN
a. SPIRITUAL
b. INDIVIDUAL
c. POLITIS

5. PENGANIAYAANNYA

6. KESENGSARAANNYA
'NABI YANG MENANGIS'
RATAPAN

YEREMIA
GARIS BESAR

PROLOG (1)
PANGGILAN PRIBADI

A. BANGSA YANG BERDOSA (2-45)
  1. GANJARAN LANGSUNG (2-20)
   627-605 SM *PUISI SEBAGAI TULISAN UTAMA*
   BABEL MENGHANCURKAN ASYUR · MENAKLUKKAN MESIR
  2. PEMULIHAN AKHIR (21-45)
   605-585 SM *PROSA SEBAGAI TULISAN UTAMA*
   BABEL MENDEPORTASI YEHUDA · MERATAKAN YERUSALEM

B. BANGSA-BANGSA SEKELILING (46-51)
EPILOG (52)
BENCANA BESAR SEBANGSA

www.davidpawson.org   Membuka Isi Alkitab

RATAPAN

RATAPAN

I BENCANA BESAR
   "DIA" (feminin)
Puisi teka-teki – 22 ayat (1 per surat), masing-masing 3 baris

II PENYEBAB
   "DIA" (maskulin)
Puisi teka-teki – 22 ayat (1 per surat), masing-masing 3 baris

III PEMULIHAN
   "AKU"
Puisi teka-teki – <u>66</u> ayat (3 per surat), masing-masing 3 baris

IV KONSEKUENSI
   "MEREKA"
Puisi teka-teki – 22 ayat (1 per surat), masing-masing <u>2</u> baris

V TANGISAN
   "KAMI"
<u>Bukan teka-teki</u> – 22 ayat, masing-masing 3 baris

www.davidpawson.org   Membuka Isi Alkitab

YEHEZKIEL BAGIAN 1

TAHUN SM	YEHUDA (2)		YEHEZKIEL
	RAJA-RAJA	**PARA NABI**	
	YOSIA (640-609) YOAHAS (609) YOYAKIM (609-597)	YEREMIA (627-580) HABAKUK (609) DANIEL (605-530)	LAHIR (623)
597	**PEMBUANGAN PERTAMA**		DITAWAN (597)
	YOYAKHIN (597) ZEDEKIA (597-586)		DIPANGGIL (592) BERNUBUAT I (592-589)
589	**YERUSALEM DITAWAN**		DITINGGAL MATI (589)
586	**YERUSALEM JATUH**		BERNUBUAT II (586-585)
	NEBUKADNEZAR (605-562)		BERNUBUAT III (567)

(PEMBUANGAN)

SUNGAI KEBAR (TEL AVIV)

www.davidpawson.org  Membuka Isi Alkitab

YEHEZKIEL BAGIAN 2 DAN 3

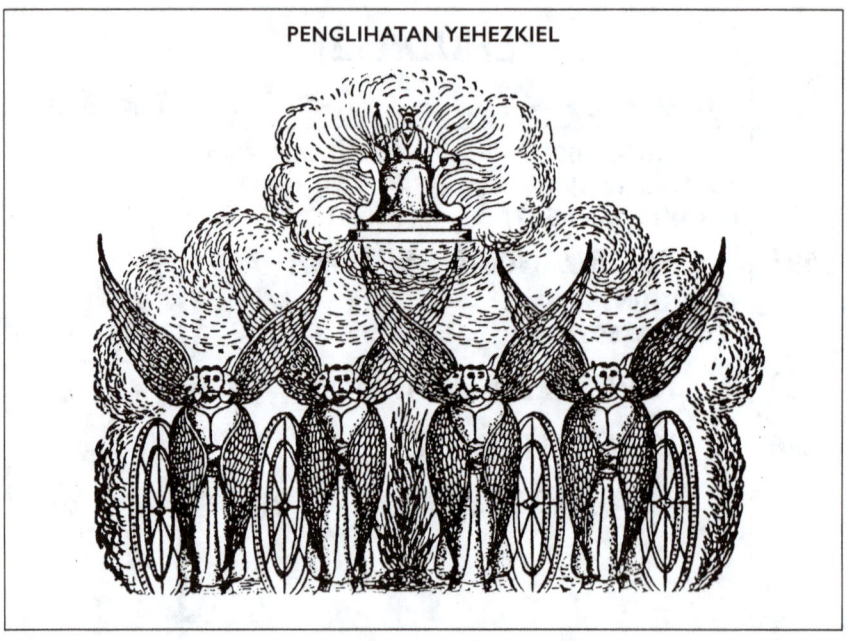
PENGLIHATAN YEHEZKIEL

	TAHUN PEMBUANGAN	USIA YEHEZKIEL	ISI NUBUATAN	PASAL DALAM KITAB
I	ke-5	30	**PENUGASAN BARU UNTUK IMAM YEHEZKIEL**	1-3
	ke-5 sampai ke-9	30-33 *	**GANJARAN bagi KOTA YERUSALEM** "Dan kamu akan mengetahui bahwa Akulah..."	4-24
			YERUSALEM DISERANG (589)	
II	ke-11 sampai ke-12	36-37	**PEMBALASAN terhadap BANGSA-BANGSA SEKELILING YEHUDA** "Dan mereka akan mengetahui bahwa Akulah..."	25-32
			YERUSALEM DIHANCURKAN (587)	
	ke-12	37	**KEPULANGAN DARI PEMBUANGAN di BABEL** "Dan bangsa-bangsa akan mengetahui bahwa Akulah..."	33-39
III	ke-25	50	**PEMULIHAN KEMBALI BAIT SUCI DI ISRAEL**	40-48

www.davidpawson.org   Membuka Isi Alkitab

YEHEZKIEL BAGIAN 3

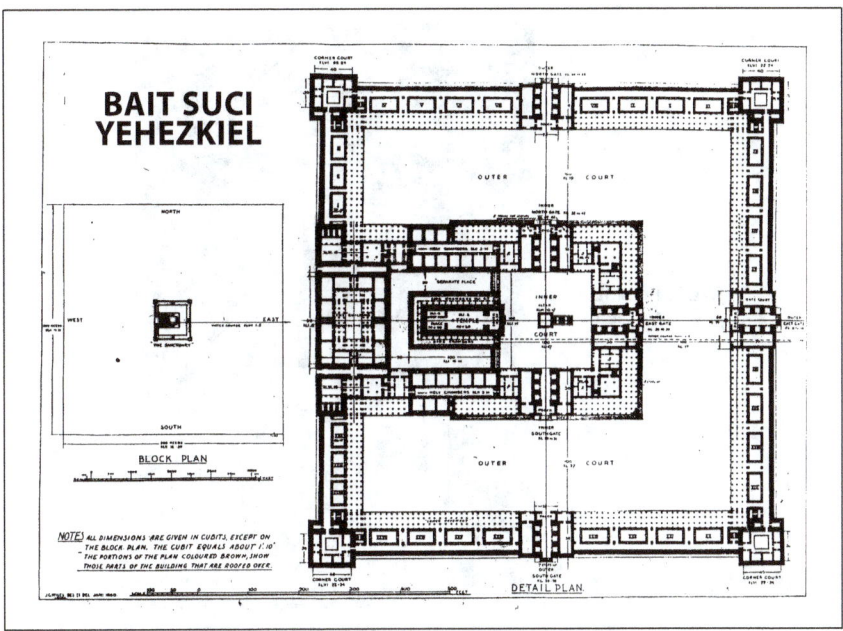

MODEL TANAH SUCI (YERUSALEM PADA MASA YESUS)

YEHEZKIEL BAGIAN 3

JALAN MASUK BAIT SUCI

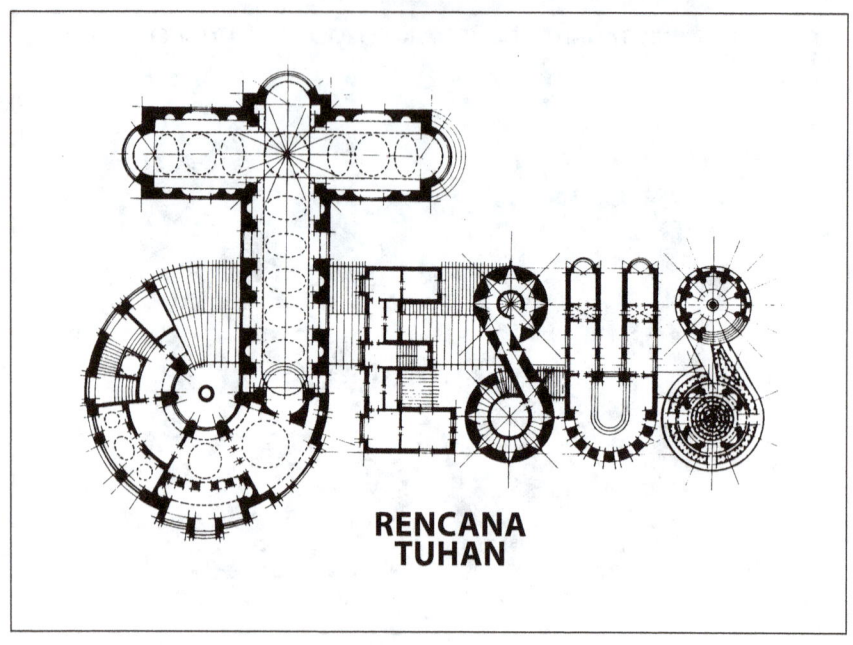

RENCANA TUHAN

www.davidpawson.org Membuka Isi Alkitab

DANIEL BAGIAN 1

BABEL DAN KEMBALI

606	**DANIEL** →	*Pembuangan pertama (orang muda)*
597	**YEHEZKIEL**	*Pembuangan kedua (10.000)*
586	**SISANYA**	*Pembuangan ketiga (kota dan bait suci dihancurkan)*
536	← **ZERUBABEL**	*Babel jatuh ke tangan Persia (539)*
		Koresh mengizinkan tawanan pulang (50.000)
458	**EZRA**	*Bait suci dibangun kembali (516)*
		Ester di Susan
445	**NEHEMIA**	*Tembok kota dibangun kembali*

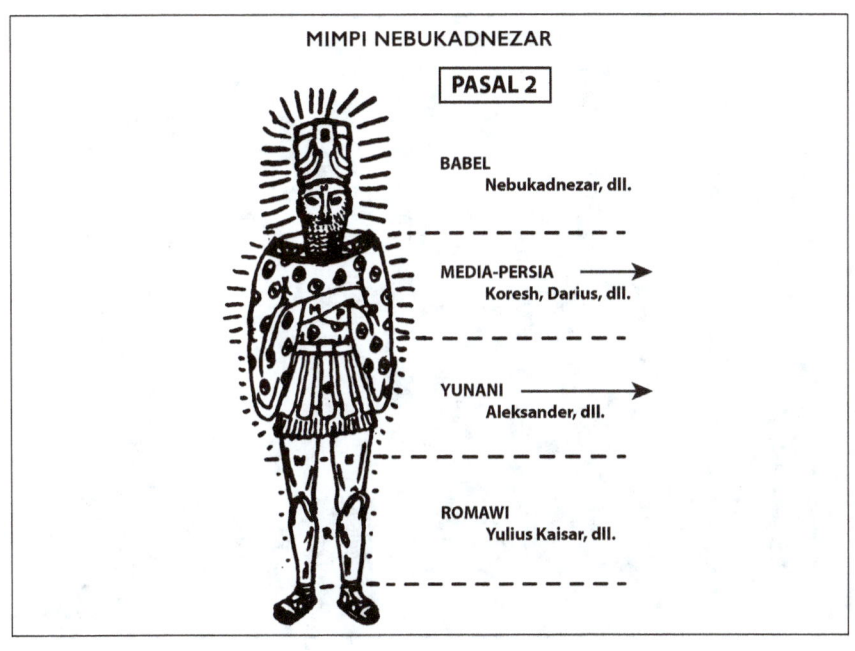

MIMPI NEBUKADNEZAR — PASAL 2
- BABEL: Nebukadnezar, dll.
- MEDIA-PERSIA: Koresh, Darius, dll.
- YUNANI: Aleksander, dll.
- ROMAWI: Yulius Kaisar, dll.

© David Pawson 2025

DANIEL BAGIAN 1

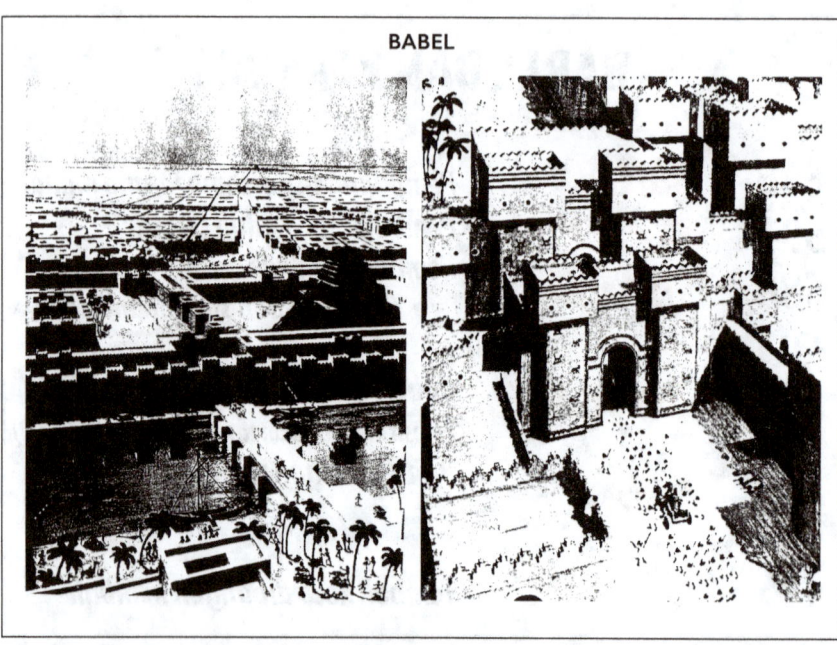

BABEL

PINTU GERBANG ISHTAR

DANIEL BAGIAN 2

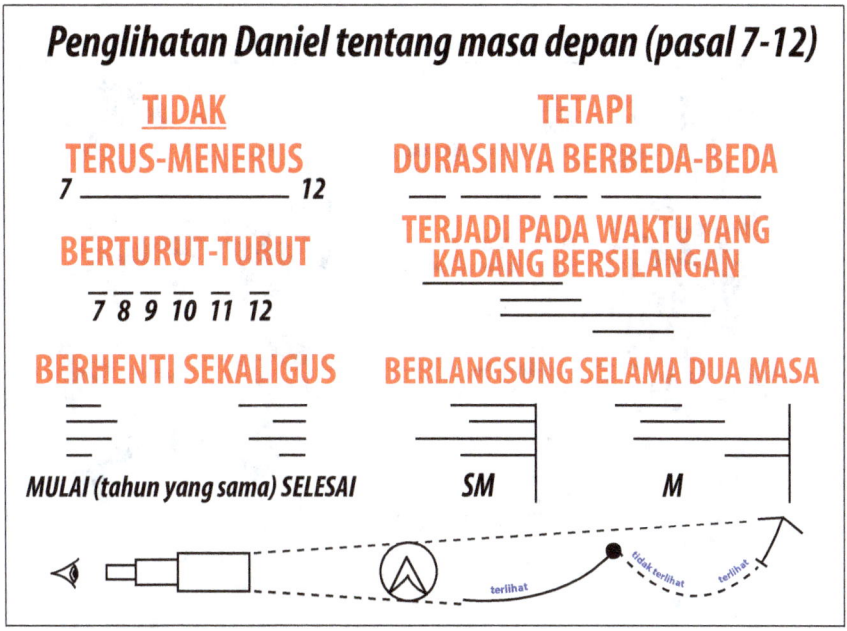

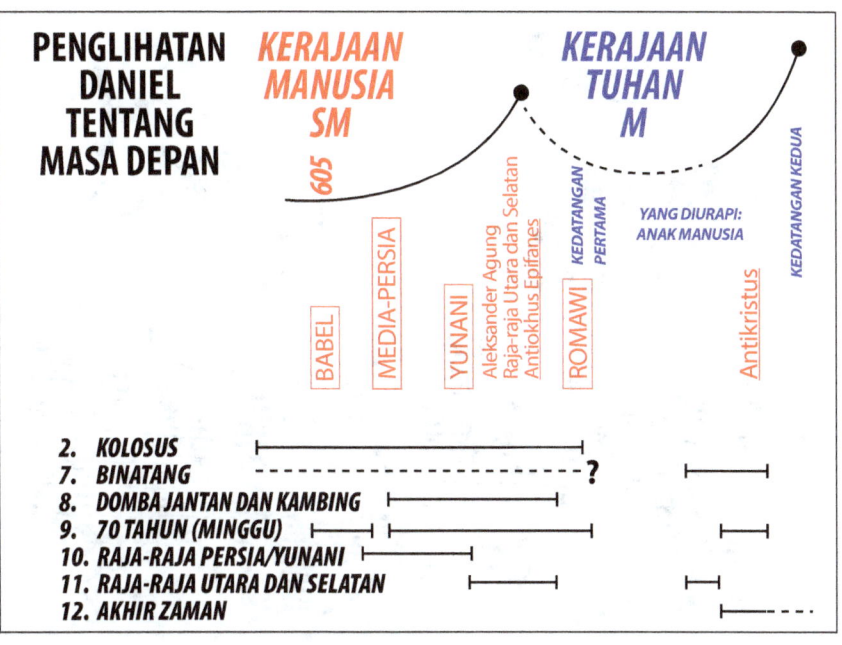

DANIEL BAGIAN 2

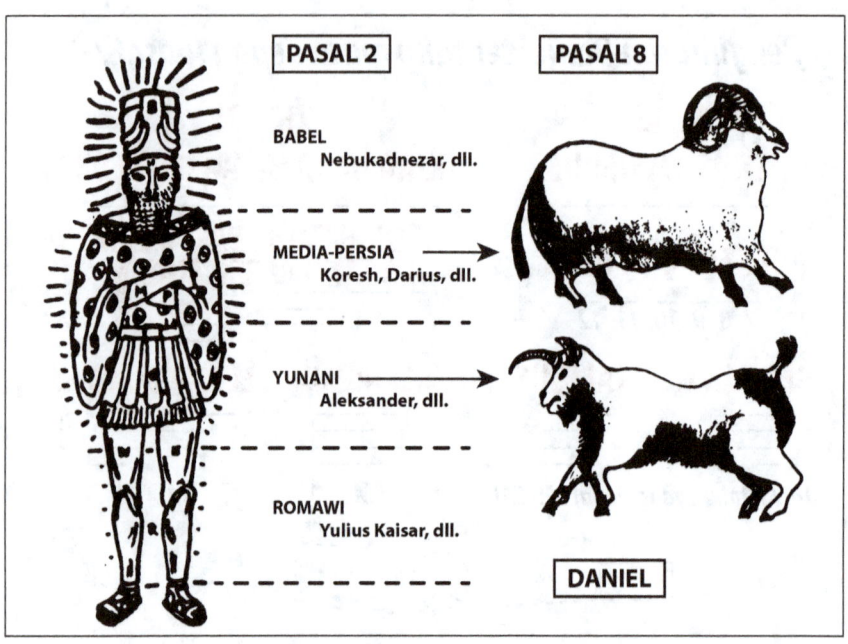

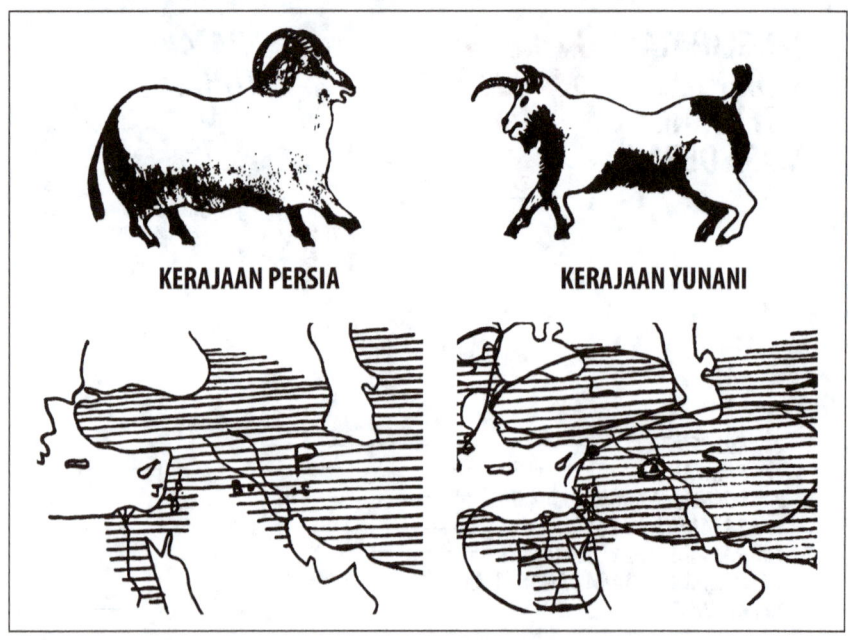

DANIEL BAGIAN 2

ANTIOKHUS EPIFANES

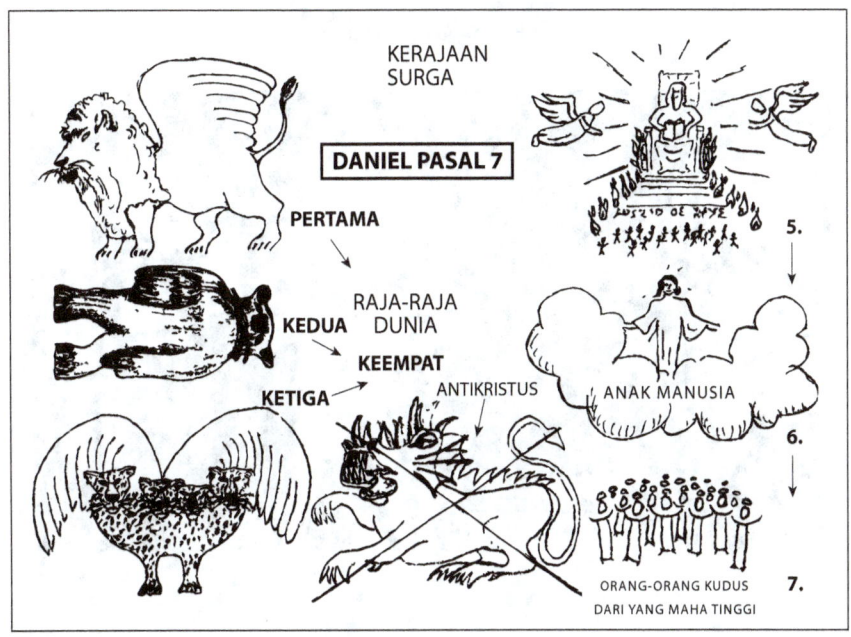

DANIEL BAGIAN 2

BABEL MODERN

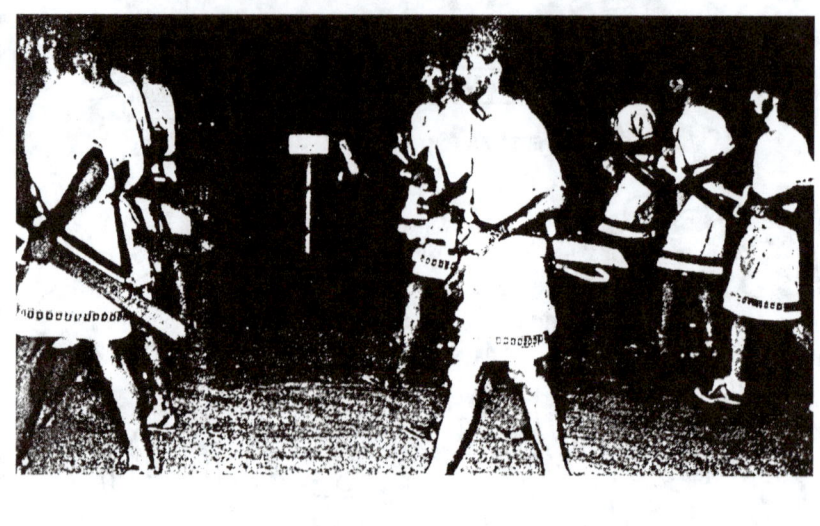
PERAYAAN MODERN

DANIEL BAGIAN 2

TEMBOK BABEL YANG BARU

HOSEA

HOSEA: A. KETIDAKSETIAAN MANUSIA

DOSA:
1. PENYELEWENGAN
2. INDEPENDENSI
3. INTRIK
*4. PENYEMBAHAN BERHALA
5. KETIDAKPEDULIAN
*6. IMORALITAS
7. TIDAK BERSYUKUR

PENDOSA
1. PARA IMAM
2. PARA NABI
3. PARA RAJA
4. PARA PENGAMBIL UNTUNG

PENDERITAAN
1. KEKERINGAN DAN KEMANDULAN
2. PERTUMPAHAN DARAH
3. PENGUSIRAN

B. KESETIAAN TUHAN

1. TUHAN TIDAK DAPAT MEMBIARKAN
2. TUHAN TIDAK DAPAT MELEPASKAN
3. TUHAN TIDAK DAPAT MENGECEWAKAN

www.davidpawson.org   Membuka Isi Alkitab

OBAJA DAN YOEL

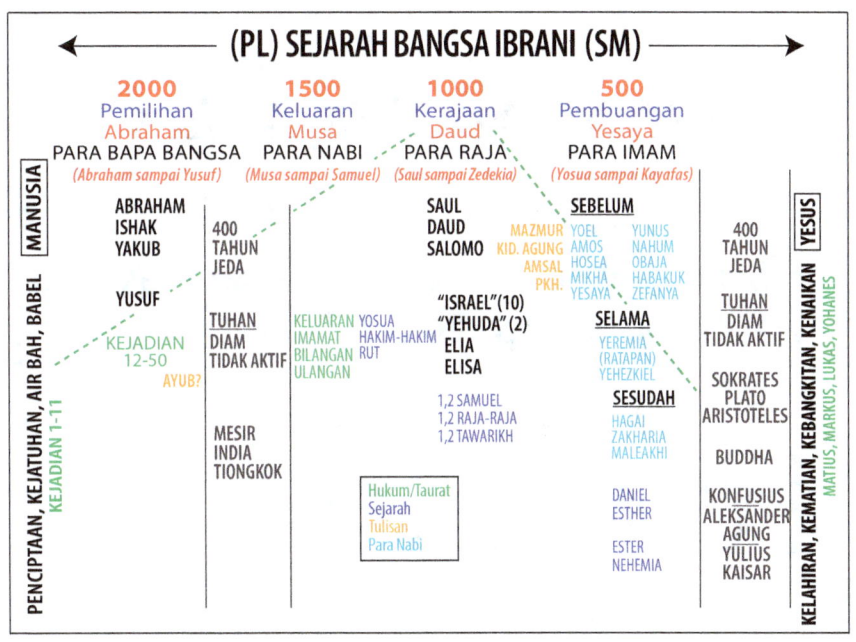

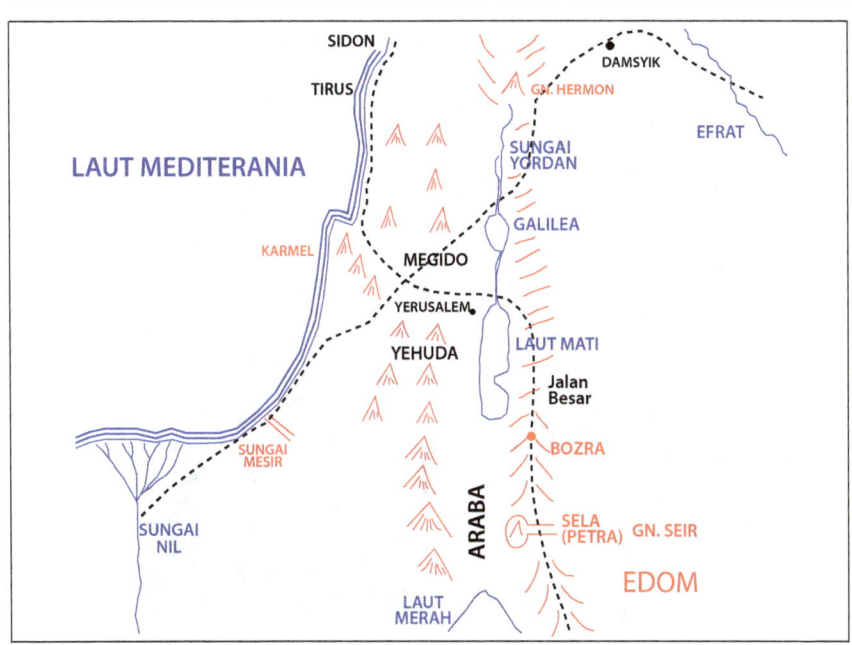

www.davidpawson.org Membuka Isi Alkitab

OBAJA DAN YOEL

GARIS BESAR KITAB OBAJA

A. SATU BANGSA DIHAKIMI (1-14)
1. BANGSA-BANGSA MENGHANCURKAN EDOM (1-9)
2. EDOM MEMBENCI ISRAEL (10-14)

B. SEMUA BANGSA DIHAKIMI (15-21)
1. YAHWEH MENGHUKUM BANGSA-BANGSA (15-16)
2. ISRAEL MENGUASAI EDOM (17-21)

LORONG BUKIT BATU PETRA

OBAJA DAN YOEL

KUIL PETRA

GN. SEIR (EDOM)

OBAJA DAN YOEL

WABAH BELALANG

GARIS BESAR KITAB YOEL

A. WABAH BELALANG (pasal 1)
1. RERUNTUHAN TANAH ITU (1-12)
2. PERTOBATAN UMAT (13-20)

B. HARI TUHAN (pasal 2)
1. PENGULANGAN YANG MENGERIKAN (1-11)
2. PERTOBATAN SEJATI (12-17)
3. KESEMBUHAN YANG KEKAL (18-27)
4. PEMULIHAN TOTAL (28-32)
   a. Roh ~ laki-laki dan perempuan (28-29)
   b. Tanda-tanda ~ matahari dan bulan (30-31)
   c. Keselamatan ~ panggilan dan yang terpanggil (32)

C. LEMBAH PENENTUAN (pasal 3)
1. PEMBALASAN DENDAM TERHADAP BANGSA-BANGSA (1-16a)
2. PEMULIHAN BAGI ISRAEL (16b-21)

OBAJA DAN YOEL

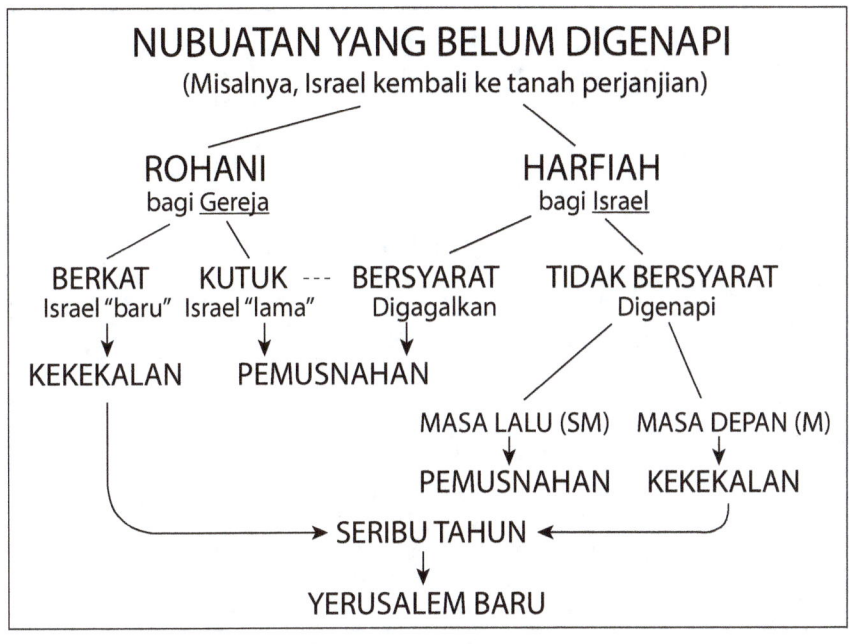

AMOS

"KARENA TIGA PERBUATAN JAHAT..., BAHKAN EMPAT..."

1. **KEBUASAN BANGSA-BANGSA SEKELILING ISRAEL**
   - *DAMSYIK* - kekejaman
   - *GAZA* - kebrutalan
   - *TIRUS* - pengkhianatan
2. **KEKEJIAN PARA SAUDARA ISRAEL**
   - *EDOM* - tidak berbelas kasihan
   - *AMON* - aksi barbar
   - *MOAB* - penodaan
3. **KETIDAKSETIAAN SAUDARI KANDUNG ISRAEL**
   - *YEHUDA* - menolak hukum Tuhan
     menerima dusta manusia
4. **KETIDAKPEKAAN ANAK-ANAK ISRAEL**
   - *ISRAEL* - eksploitasi orang miskin
     menikmati kedagingan di hadapan Tuhan

PENEBUSAN MASA LALU berarti GANJARAN DI MASA DEPAN

www.davidpawson.org   Membuka Isi Alkitab

YUNUS

PARA NABI

A. MENDENGAR DARI TUHAN
KATA-KATA - *"beban"*
GAMBAR - *penglihatan (sadar)*
mimpi (tidur)

B. BERBICARA MEWAKILI TUHAN
TANTANGAN -
saat melakukan yang salah
PENGHIBURAN -
saat melakukan yang benar

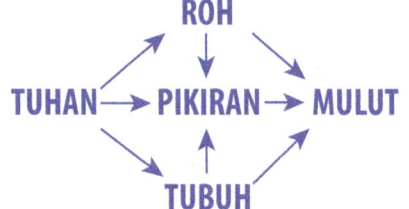

PALSU - hanya penghiburan

YUNUS

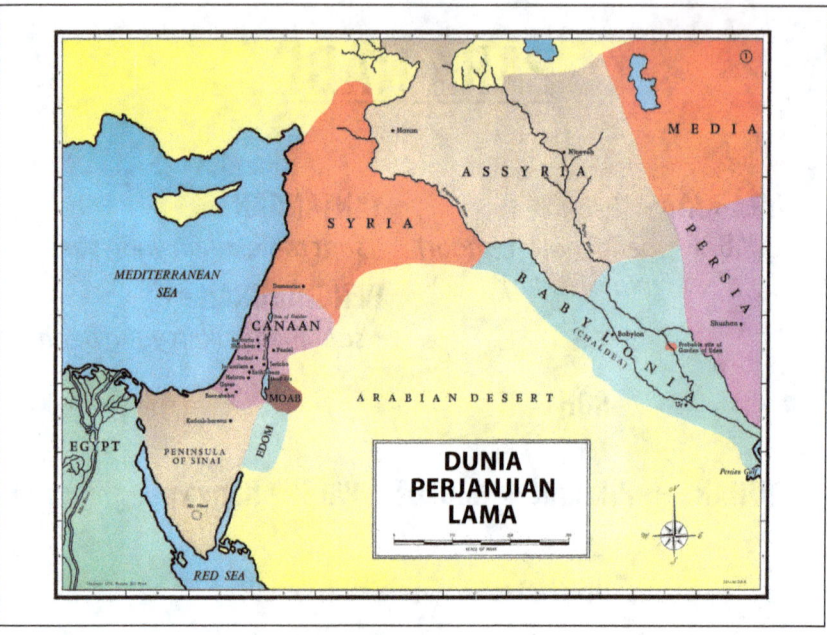

DUNIA PERJANJIAN LAMA

SM	ASYUR		ISRAEL
			(raja-raja Utara)
1354	ASYUR-UBALIT I *(raja pertama)*		
853	SALMANESER III →	Invasi yang gagal	AHAB
sek. 770	←	YUNUS	YEROBEAM II
733	TIGLAT-PILESER III →	menawan Naftali	PEKAH
721	SALMANASER V →	menawan Israel (10 suku Utara)	HOSEA
			(raja-raja Selatan)
701	SANHERIB →	mengepung Yerusalem	
663	ASYURBANIPAL →	menaklukkan Tebe (Mesir wilayah atas)	HIZKIA
sek. 630	←	ZEFANYA	
sek. 620	←	NAHUM	YOSIA
612	SINSHURISHKUN *(Niniwe jatuh)*		
607	ASSURBALIT II *(Asyur tamat)*		YOYAKIM

www.davidpawson.org  Membuka Isi Alkitab

YUNUS

MUKJIZAT dalam KITAB YUNUS

1. ANGIN → BADAI
2. ORANG BANYAK → YUNUS
3. LAUT TENANG
4. IKAN MENELAN
5. "IKAN" MEMUNTAHKAN
6. POHON JARAK (DALAM WAKTU SEMALAM)
7. "ULAT PENGGEREK" (MEMAKAN AKAR POHON)
8. ANGIN GURUN YANG PANAS

FILSAFAT [PANDANGAN DUNIA]	TUHAN MENCIPTAKAN DULU	TUHAN MENGENDALIKAN SEKARANG
ATEISME	✗	✗
DEISME	✓	✗
TEISME	✓	✓

ALKITAB : ILMU PENGETAHUAN

NINIWE

YUNUS

RERUNTUHAN NINIWE

YOPE (YAFO)

www.davidpawson.org  Membuka Isi Alkitab

YUNUS

POHON JARAK (TUMBUHAN RICINUS COMMUNIS)

MIKHA

RAJA-RAJA:	YOTAM: Baik, tetapi...	750-731
	AHAS: Jahat	735-715
	HIZKIA: Sangat baik	715-686

Setelah Salomo wafat, terjadi perang saudara.
10 suku Utara "ISRAEL". Ibu kota SAMARIA. Banyak dinasti.
2 suku Selatan "YEHUDA". Ibu kota YERUSALEM. Satu dinasti.

DOSA MENYEBAR
Dari utara ke selatan. Dari kota ke bangsa.

PENYEMBAHAN BERHALA ~ cara umat menghina Tuhan
IMORALITAS ~ cara umat memuaskan diri
KETIDAKADILAN ~ cara umat saling menyakiti

PENGLIHATAN MIKHA:
SESUKU ~ YEHUDA
SEBANGSA ~ "ISRAEL"
UNIVERSAL ~ BANGSA-BANGSA

MOTIVASI MIKHA:
ROH KUDUS 3^8
ROH MANUSIA 1^8

MIKHA
GARIS BESAR

A. KEJAHATAN DAN HUKUMAN (1-3)
TEMPAT-TEMPATNYA
ORANG-ORANGNYA

B. DAMAI DAN KEAMANAN (4-5)
KERAJAANNYA (setelah Babel)
RAJANYA (dari Betlehem)

C. KEADILAN DAN BELAS KASIHAN (6-7)
PERADILANNYA
PERJANJIANNYA

NAHUM

SM	ASYUR		ISRAEL
1354	ASYUR-UBALIT I *(raja pertama)*		*(raja-raja Utara)*
853	SALMANESER III →	Invasi yang gagal	AHAB
sek. 770	←	YUNUS	YEROBEAM II
733	TIGLAT-PILESER III →	menawan Naftali	PEKAH
721	SALMANASER V →	menawan Israel (10 suku Utara)	HOSEA
			(raja-raja Selatan)
701	SANHERIB →	mengepung Yerusalem	
663	ASYURBANIPAL →	menaklukkan Tebe (Mesir wilayah atas)	HIZKIA
sek. 630	←	ZEFANYA	
sek. 620	←	NAHUM	YOSIA
612	SINSHURISHKUN *(Niniwe jatuh)*		
607	ASSURBALIT II *(Asyur tamat)*		YOYAKIM

NAHUM

NAHUM - *Niniwe jatuh*

1. **PROKLAMASI** SIAPA? **CAMPUR TANGAN**
   - a. BENCANA BAGI MUSUH-MUSUHNYA
   - b. KELEPASAN BAGI SAHABAT-SAHABATNYA

2. **DESKRIPSI** BAGAIMANA? **PENDUDUKAN**
   - a. HARI PENJARAHAN
   - b. SARANG SINGA

3. **PENJELASAN** MENGAPA? **KEBUASAN**
   - a. PENAKLUKAN PAKSA
   - b. PENYELEWENGAN UANG

NINIWE

NAHUM

RERUNTUHAN NINIWE

PARA NABI MENYINGKAPKAN TUHAN YAHWEH "AKULAH AKU" SELALU

1. **PERBUATANNYA** - *PENUH KUASA*
   - ALAM: *MUKJIZAT*
   - SEJARAH: *KEGERAKAN*

2. **INTEGRITASNYA** - *DAPAT DIPREDIKSI*
   - KEADILAN: *HUKUMAN*
   - BELAS KASIHAN: *PENGAMPUNAN*

3. **FLEKSIBILITASNYA** - *PRIBADI*
   - MANUSIA: *BERTOBAT*
   - TUHAN: *LULUH*

www.davidpawson.org Membuka Isi Alkitab

HABAKUK

HABAKUK

Pasal 1-2	Pasal 3
Bergumul dengan Tuhan	Beristirahat di dalam Tuhan
Sengsara	Bahagia
Berteriak	Bernyanyi
Doa	Pujian
Tidak sabar	Sabar
Memohon keadilan	Memohon belas kasihan
Terpuruk dalam lubang kotor!	Berada di tempat tinggi!

HABAKUK

SANG NABI (1^1)

A. DOA KELUHAN (1^2-2^{20})

1. TUHAN KURANG BEKERJA (1^{2-11})

PERTANYAAN: Mengapa orang jahat tidak sengsara?
JAWABAN: Yang jahat akan sengsara ~ Babel!

2. TUHAN TERLALU BANYAK BEKERJA (1^{12}-2^{20})

PERTANYAAN: Mengapa orang yang lebih jahat yang dipakai untuk menghukum orang jahat? Mengapa orang baik sengsara?
JAWABAN: Yang baik akan selamat! Yang lebih jahat akan sengsara!

B. SUSUNAN PUJIAN (3^{1-19})

1. GEMETAR OLEH PERBUATAN TUHAN YANG TELAH LALU (1-16)
2. PERCAYA PADA PERLINDUNGAN TUHAN YANG AKAN DATANG (17-19)

www.davidpawson.org   Membuka Isi Alkitab

ZEFANYA

ZEFANYA

SANG PEMBAWA PESAN (1^1)   **PESANNYA (1^{2-3})**

A. AGAMA ASING (1^4-2^3)   **B. WILAYAH YANG DINUBUATKAN KEHANCURANNYA (2^{4-15})**

PENGHAKIMAN

1. PANTAS DITERIMA (4-6)
2. DIDEKLARASIKAN (7-9)
3. DIJELASKAN (10-17)
4. DIBELOKKAN (1-3)

1. BARAT ~ Filistin (4-7)
2. TIMUR ~ Moab, Amon (8-11)
3. SELATAN ~ Mesir, Etiopia (12)
4. UTARA ~ Asyur (13-15)

C. PENEBUSAN YANG AKAN DATANG (3^{1-20})

1. KUTUK ~ keadilan Tuhan (1-8)
   a. *KERAS KEPALANYA SELURUH BANGSA (1-7)*
      i. Memberontak (1-4)   ii. Menolak (5-7)
   b. *MUSNAHNYA BANGSA-BANGSA (8)*
2. BERKAT ~ belas kasihan Tuhan (9-20)
   a. *KEKUDUSAN BANGSA-BANGSA (9)*
   b. *SELURUH BANGSA BERGIRANG (10-20)*
      i. Bersukacita (10-17)   ii. Kembali (18-20)

	ZEFANYA	**WAHYU**
Penghakiman terhadap umat Tuhan	1^1-2^3	1-3
Penghakiman terhadap bangsa-bangsa	2^{4-15}	4-19
Hari penghakiman	3^{1-8}	20
Kebahagiaan akhir	3^{9-20}	21-22
	(Yerusalem lama)	(Yerusalem baru)
	TUHAN datang sebagai Raja	**YESUS datang kembali sebagai Raja**

© David Pawson 2025

HAGAI

HAGAI

1. **UMAT YANG TERTINDAS** (1^{1-11}) 1/6/2
   - RUMAH-RUMAHMU ~ DIHIASI
   - RUMAHKU ~ TERBENGKALAI

2. **UMAT YANG BERKETETAPAN** (1^{12-15}) 24/6/2
   - TAKUT AKAN TUHAN
   - TAAT KEPADA TUHAN

3. **UMAT YANG PATAH HATI** (2^{1-9}) 21/7/2
   - RUMAH YANG LAMA ~ PENUH KEMULIAAN
   - RUMAH YANG BERIKUTNYA ~ LEBIH MEGAH

4. **UMAT YANG NAJIS** (2^{10-19}) 24/9/2
   - YANG TAHIR TIDAK MEMBUAT YANG NAJIS JADI TAHIR
   - YANG NAJIS MEMBUAT YANG TAHIR JADI NAJIS

5. **RAJA YANG DITETAPKAN** (2^{20-23}) 24/9/2
   - TAKHTA-TAKHTA LAIN DITUMBANGKAN
   - TAKHTA INI TETAP DIDUDUKI

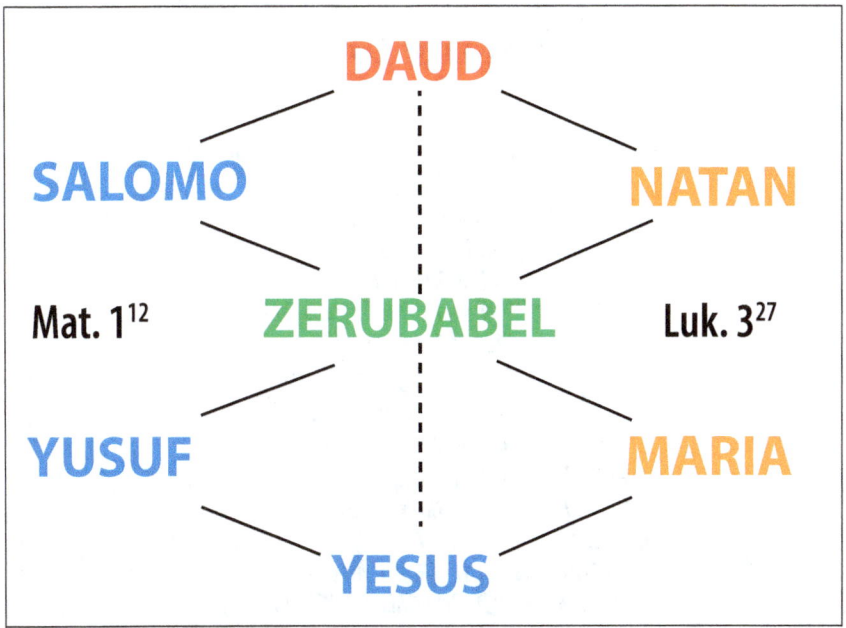

www.davidpawson.org   Membuka Isi Alkitab

ZAKHARIA BAGIAN 1 DAN 2

ZAKHARIA

A MASALAH SAAT INI (1-8)

① **TEGURAN DAN PEMBERONTAKAN** (1^{1-6}) ?/8/2
  a. PENDAHULU YANG SALAH b. NABI-NABI SEBELUMNYA

② **DORONGAN SEMANGAT DAN NAIK TAKHTA** (1^7-6^{15}) 24/11/2
  a. GAMBAR-GAMBAR BERMAKNA RAHASIA (1^7-6^8)

  BAIT SUCI { i   EMPAT KUDA DI ANTARA POHON-POHON MURAD
             ii EMPAT TANDUK DAN EMPAT TUKANG BESI
  KOTA   { iii ORANG YANG MEMEGANG TALI UKUR
             iv YOSUA BERGANTI PAKAIAN
  PARA PEMIMPIN { v KANDIL EMAS DAN DUA POHON ZAITUN
             vi GULUNGAN KITAB YANG TERBANG
  RAKYAT   { vii PEREMPUAN DALAM GANTANG UKURAN
             viii EMPAT KERETA

  b. IMAM YANG DIMAHKOTAI (6^{9-15})

③ **PUASA DAN PESTA** (7^1-8^{23}) 4/9/4
  a. MENGINGAT DALAM DUKA (7^{1-14})
  b. BERSUKACITA DALAM KEGIRANGAN (8^{1-23})

B PREDIKSI MASA DEPAN (9-14)

ZAKHARIA

A MASALAH SAAT INI (1-8)   **B PREDIKSI MASA DEPAN (9-14)**

① **PEMULIHAN BANGSA (9-11)** (lebih cepat, bukan lebih lambat)
  a. MUSUH-MUSUH DITUMPAS (9^{1-8})
  b. RAJA YANG MEMBAWA DAMAI (9^{9-10})
  c. TUHAN YANG KUAT KUASA (9^{11}-10^7)
  d. UMAT YANG DIKUMPULKAN (10^{8-12})
  e. POHON-POHON DAN HUTAN DIHABISI (11^{1-3})
  f. GEMBALA-GEMBALA PANDIR (11^{4-17})

② **DAMPAK DAN KONSEKUENSI BAGI BANGSA-BANGSA (12-14)**
     (lebih lambat, bukan lebih cepat)
  a. PASUKAN YANG MENYERBU (12^{1-9})
  b. PENDUDUK YANG MERATAP (12^{10-14})
  c. NABI-NABI DISINGKIRKAN (13^{1-6})
  d. PENDUDUK BERKURANG (13^{7-9})
  e. MUSUH-MUSUH DITIMPA TULAH (14^{1-15})
  f. PENYEMBAHAN DARI SEGALA BANGSA (14^{16-25})

www.davidpawson.org   Membuka Isi Alkitab

MALEAKHI BAGIAN 1 DAN 2

MALEAKHI ~ GARIS BESAR

A. BERTAHAN HIDUP DI MASA LALU (1^{1-5})
  1. YAKUB - ISRAEL - DIKASIHI
  2. ESAU - EDOM - DIBENCI

B. DOSA MASA SEKARANG (1^6-3^{15})

  1. IMAM-IMAM (1^6-2^9)   2. UMAT (2^{10}-3^{15})

      a. KORBAN-KORBAN   a. PERKAWINAN CAMPUR
         YANG MURAHAN   b. PERCERAIAN YANG KEJAM
      b. KHOTBAH YANG   c. PERTANYAAN OLEH KERAGUAN
         MENYENANGKAN   d. PERSEPULUHAN TIDAK DIBAYARKAN
         ORANG BANYAK   e. PERKATAAN FITNAH

C. PEMISAHAN DI MASA DEPAN (3^{16}-4^6)

  1. PILIHAN YANG TEPAT (3^{16}-4^3)   2. KESEMPATAN TERAKHIR (4^{4-6})
    a. YANG BENAR   a. MUSA
      Kesembuhan di bawah   Yang memberikan hukum
      cahaya matahari   b. ELIA
    b. YANG JAHAT   Pelopor yang terdepan
      Dibakar dalam api

PERJANJIAN BARU

www.davidpawson.org Membuka Isi Alkitab

MATIUS BAGIAN 1

EMPAT KITAB INJIL
MARKUS ~   ANAK MANUSIA
MATIUS ~   RAJA ORANG YAHUDI
LUKAS ~   JURU SELAMAT DUNIA
YOHANES ~ ANAK ALLAH

TIGA TAHAP
1. YANG YESUS LAKUKAN (MARKUS)
2. YANG YESUS KATAKAN (MATIUS, LUKAS)
3. SIAPA ITU YESUS (YOHANES)

DUA SUDUT PANDANG
1. PENULIS ~ HIKMAT
   Apa?   Bagaimana?
2. PEMBACA ~ MAKSUD
   Siapa?   Mengapa?

MARKUS
a. MEMBANGUN
   i. 30 bulan di utara (GALILEA)
   ii 6 bulan di selatan (YUDEA)
b. MELAMBAT
Bertahun-tahun, berbulan-bulan, berminggu-minggu, berhari-hari, berjam-jam.

MATIUS   (menggunakan Markus)
a. UKURAN
   Yang bertambah (misalnya, kelahiran)
   Yang berubah
   Yang tidak disebut
b. GAYA PENYAMPAIAN
   Perkataan hikmat - Khotbah
c. STRUKTUR
   Bergantian antara kata-kata
   dan perbuatan

MATIUS BAGIAN 1 DAN 2

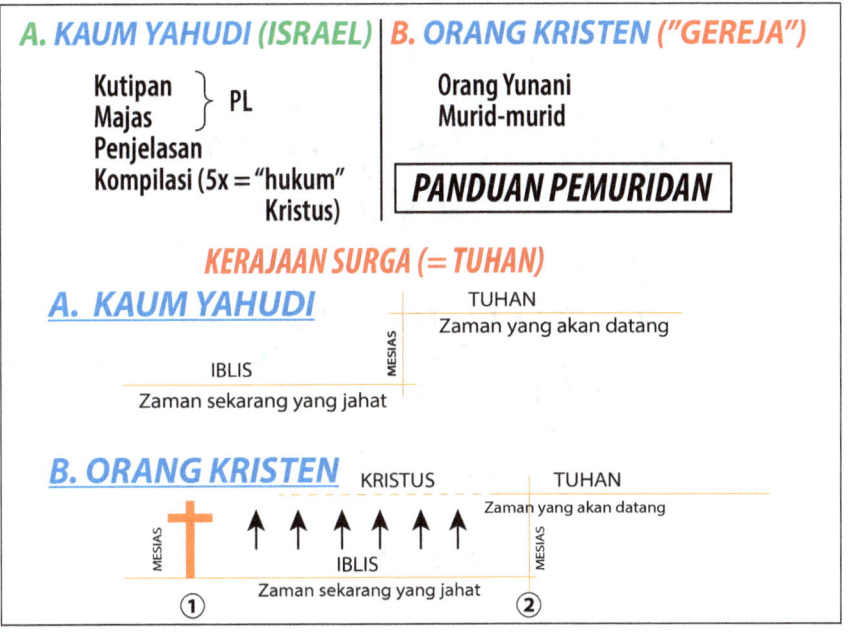

WARGA KERAJAAN

- 5-7   GAYA HIDUP (Khotbah di Bukit)
- 9-10   MISI
- 13   PERTUMBUHAN
- 18   KOMUNITAS
- 24-25   MASA DEPAN

PUTRA-PUTRA SANG BAPA (44X)

Tema-tema khusus:

- IMAN (percaya)
- KEBENARAN (perbuatan)
- PENGHAKIMAN (neraka)

MARKUS

EMPAT KITAB INJIL
- MARKUS ~ ANAK MANUSIA
- MATIUS ~ RAJA ORANG YAHUDI
- LUKAS ~ JURU SELAMAT DUNIA
- YOHANES ~ ANAK ALLAH

TIGA TAHAP
1. YANG YESUS LAKUKAN (MARKUS)
2. YANG YESUS KATAKAN (MATIUS, LUKAS)
3. SIAPA ITU YESUS (YOHANES)

DUA SUDUT PANDANG
1. PENULIS ~ HIKMAT
   - Apa?   Bagaimana?
2. PEMBACA ~ MAKSUD
   - Siapa?   Mengapa?

EMPAT KITAB INJIL

PENULIS:
a. MINAT YANG BERKEMBANG
- Yang Yesus lakukan (Markus)
- Yang Yesus katakan (Lukas, Matius)
- Siapa itu Yesus (Yohanes)

b. HIKMAT YANG BERBEDA
- Raja orang Yahudi (Matius)
- Anak manusia (Markus)
- Juru Selamat dunia (Lukas)
- Anak Allah (Yohanes)

PEMBACA:
a. ORANG PERCAYA
- Matius (yang lebih baru)
- Yohanes (yang lebih lama)

b. ORANG NON-PERCAYA
- Markus
- Lukas

MARKUS

KAISAREA FILIPI | GETSEMANI

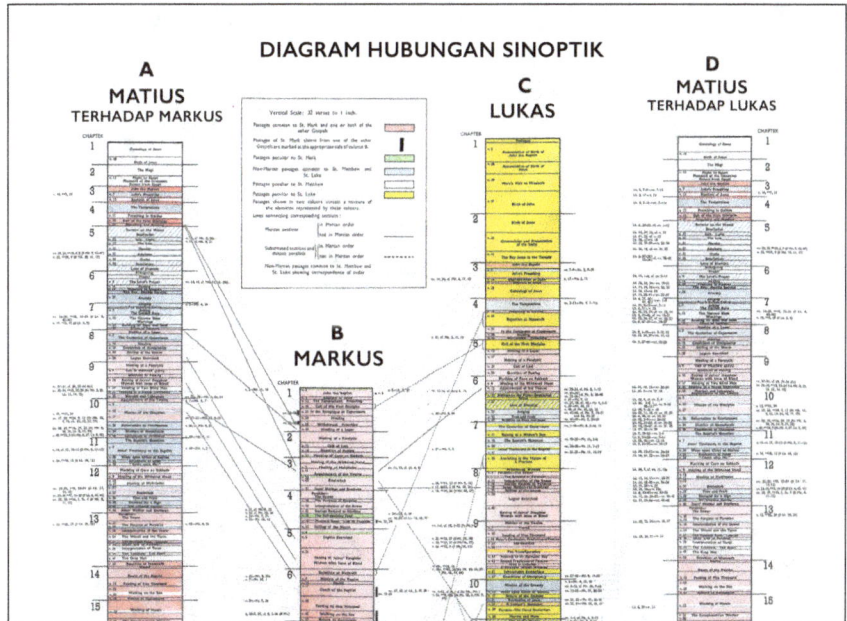

Versi berukuran lebih besar tersedia di: www.davidpawson.com/synopticrelationshipdiagram

MARKUS

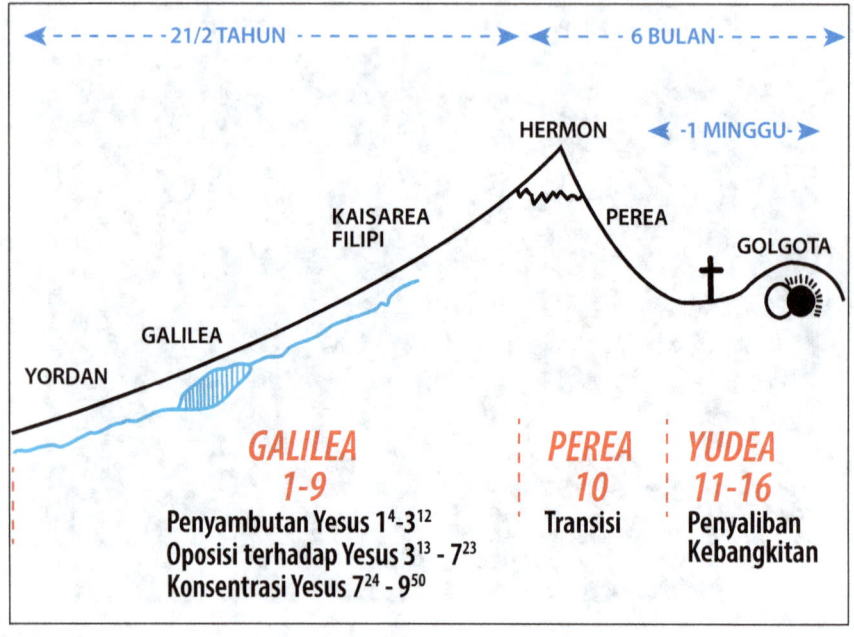

www.davidpawson.org Membuka Isi Alkitab

LUKAS

PENGINAPAN ORANG SAMARIA

JALAN MENUJU EMAUS

ANAK YANG BOROS? (15^{11-23})
BAPA YANG BOROS! (15-16)
(DENGAN DUA ANAK YANG SAMA-SAMA HILANG)

15^{1-2}	15^{3-10}	15^{11-32}	16^{1-31}
PEMUNGUT CUKAI PENDOSA(1)	DOMBA YANG HILANG(3-7)	ANAK BUNGSU (13-23)	BENDAHARA YANG TAK JUJUR (1-9)
Makan di dalam rumah	Terhilang jauh Tahu keadaannya	"berfoya-foya"	"menghamburkan"
KAUM FARISI AHLI TAURAT(2)	DIRHAM YANG HILANG(8-10)	ANAK SULUNG (24-32)	ORANG KAYA (15-31)
Bergunjing di luar rumah	Hilang di dalam rumah Tidak tahu	sok benar	sok benar

Siapa "bapa" itu?
"Anak" yang manakah yang dibahas di kisah ini?
Bagaimana akhirnya?

www.davidpawson.org   Membuka Isi Alkitab

LUKAS

Versi berukuran lebih besar tersedia di: www.davidpawson.com/synopticrelationshipdiagram

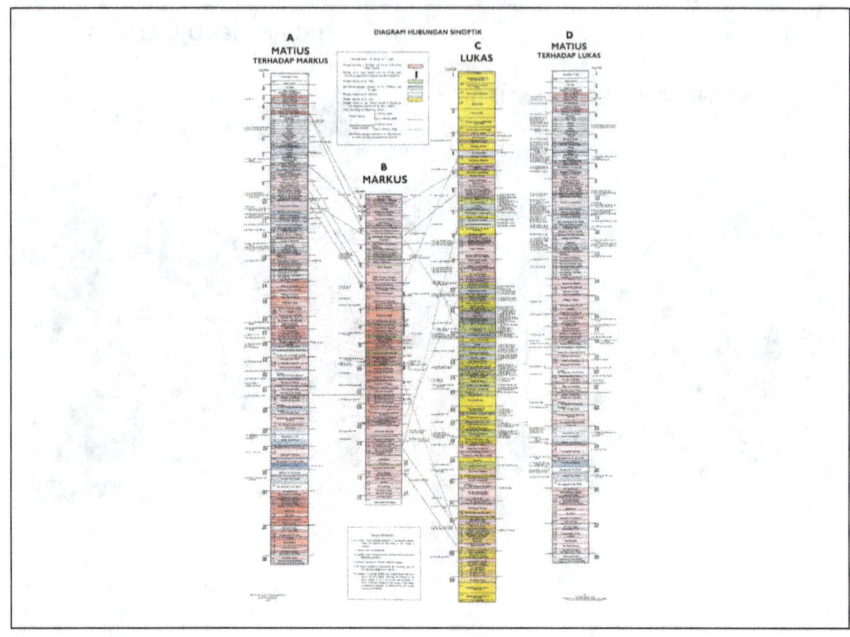

MATERI YANG UNIK	KELOMPOK YANG DISOROT	DIMENSI ROH
KELAHIRAN	ORANG SAMARIA	MALAIKAT
MASA KANAK-KANAK	ORANG YUNANI	DOA
SILSILAH	ORANG TERBUANG	ROH KUDUS
PENGAJARAN	WANITA	PENYEMBAHAN
PERUMPAMAAN	"ORANG MISKIN"	MASA DEPAN
INSIDEN	"PENDOSA"	
KENAIKAN		

YOHANES BAGIAN 1 DAN 2

YOHANES kontras dengan injil-injil sinoptik

1. YANG TIDAK DISEBUT
2. YANG DITAMBAHKAN
3. PENEKANAN
4. GAYA
5. PANDANGAN

M →
M →
L →
← Y

INJIL-INJIL SINOPTIK - WAKTU (horisontal) <u>Bahasa Ibrani</u>
    Masa sekarang : masa depan. "zaman"
YOHANES - RUANG (vertikal) <u>Bahasa Yunani</u>
    Di bawah : di atas. "dunia"

A. ORANGNYA (yang menulis)
    Murid yang dikasihi.
    Rasul yang tetap hidup.

B. TUJUANNYA (maksud penulisannya)
    Akhir ~ KEHIDUPAN (untuk dialami) kata benda
    Cara ~ PERCAYA (untuk dilakukan) kata kerja

PERCAYA (98X)

1. KEPERCAYAAN - percaya BAHWA
    Menerima kebenaran (perkataan dan perbuatan)

2. KEYAKINAN - percaya AKAN
    Melakukan kebenaran (percaya dan taat)

3. KEBERLANJUTAN - percaya TERUS-MENERUS
    Berpegang pada kebenaran (iman dan kesetiaan)

KEBENARAN - bukan suatu dalil
    melainkan sosok pribadi.

a. PANDANGAN YANG TERLALU TINGGI TENTANG YOHANES
b. PANDANGAN YANG TERLALU RENDAH TENTANG YESUS
    Lebih bersifat Tuhan daripada manusia?
    Lebih bersifat manusia daripada Tuhan?
    Sebagian manusia, sebagian Tuhan?
    <u>Sepenuhnya</u> manusia, <u>sepenuhnya</u> Tuhan!

www.davidpawson.org Membuka Isi Alkitab

YOHANES BAGIAN 2

KEBENARAN TENTANG YESUS ADALAH KEBENARAN.

KEMANUSIAAN-NYA YANG PENUH
KETUHANAN-NYA YANG PENUH

TUJUH SAKSI	TUJUH MUKJIZAT	TUJUH PERKATAAN "AKULAH"
Yohanes Pembaptis	Air menjadi anggur	Roti dari surga
Natanael	Anak komandan pasukan	Terang dunia
Yesus	Orang lumpuh di Betesda	Gembala yang baik
Petrus	5000 orang diberi makan	Pintu masuk
Marta	Berjalan di atas air	Kebangkitan dan hidup
Tomas	Orang buta	Jalan, kebenaran, dan hidup
Yohanes	Lazarus	Pokok anggur yang benar

KEMULIAAN – Anak Tunggal
  Allah Bapa

LOGOS – perkataan Firman?
  alasannya!

  a. KEKEKALAN-Nya
  b. KEPRIBADIAN-Nya
  c. KETUHANAN-Nya
  d. KEMANUSIAAN-Nya

KEHIDUPAN Kehidupan / kematian
  Terang / kegelapan
  Kebenaran / dusta
  Kemerdekaan / perbudakan
  Kasih / murka

  Mengenal Bapa
  Mengenal Anak

YOHANES BAGIAN 2

ROH KUDUS

Pasal 1. Dibaptis dengan
Pembaptis "di dalam"

Pasal 3. Dilahirkan kembali
Dilahirkan "dari"

Pasal 4. Air hidup
Penyembahan yang benar

Pasal 7. Perayaan Pondok Daun
Aliran mata air

Pasal 14-16 Penghibur - disebutkan selain.
Penolong, yang menyertai.
Roh kebenaran
Penghibur "yang lain"

Pasal 20. Tanda: tiupan
Perintah: terimalah!

www.davidpawson.org   Membuka Isi Alkitab

KISAH PARA RASUL BAGIAN 1 DAN 2

LUKAS - dokter · orang non-Yahudi · dalam perjalanan
            penulis · penginjil
TEOFILUS -   perwakilan?
(Tn. Sahabat di dalam Tuhan) individual?

A. SEJARAH

1. Dua Bagian: Petrus kepada orang Yahudi(1-12)
                   Paulus kepada orang non-Yahudi(13-28)

2. Tiga Bagian: Yerusalem(1-7)
                    Yudea dan Samaria(8-10)
                    Ujung-ujung bumi(11-28)

3. Lima Bagian: Orang Yahudi - Yerusalem ——— 6.7
                    Kaum Helenis dan Samaria ——— 9.31
                    Orang non-Yahudi - Antiokhia ——— 12.24
                    Asia ——— 16.5
                    Eropa ——— 19.20
                    Roma

B. EKSISTENSIAL

1. KAITAN - ANTARA KITAB-KITAB INJIL DAN SURAT-SURAT
                PAULUS
                BAPTISAN AIR
                BAPTISAN ROH
                HUKUM TAURAT
                GEREJA

2. MODEL - PANDUAN MISIONARIS
               BURUK SEKALIGUS BAIK
               ABNORMAL SEKALIGUS NORMAL
               UTUS RASUL-RASUL
               JANGKAU KOTA-KOTA
               BERITAKAN INJIL
               JADIKAN ORANG-ORANG MURID
               DIRIKAN JEMAAT-JEMAAT
               TUNJUK PARA PENATUA
               PINDAH DAN LANJUTKAN!

www.davidpawson.org   Membuka Isi Alkitab

KISAH PARA RASUL BAGIAN 2

Roland Allen
(29 Desember 1868
– 9 Juni 1947)

C. TRINITAS

JUDUL: *"KISAH" (PERBUATAN) PARA RASUL?*
YESUS?
ROH KUDUS?
TUHAN!

DAFTAR ISI: **KERAJAAN ALLAH** *(Bapa)*
NAMA YESUS *(Anak)*
KUASA ROH KUDUS

ROMA BAGIAN 1

PENULIS - PAULUS
PERNYATAAN
ARGUMEN

PENULIS DAN PEMBACA - PAULUS DAN JEMAAT ROMA
IBU KOTA KEKAISARAN
GERBANG MENUJU DUNIA BARAT

PEMBACA - JEMAAT ROMA
EKSTERNAL ~ KOTA (Politik dan Sosial)
INTERNAL ~ JEMAAT
(i) orang Yahudi (ii) orang non-Yahudi
(iii) orang Yahudi dan orang non-Yahudi

www.davidpawson.org　　　Membuka Isi Alkitab

ROMA BAGIAN 2

KATA KUNCI: **ALLAH (153x)**
HUKUM (71x)
KRISTUS (65x)
DOSA (48x)
TUHAN (43x)
IMAN (40x)
KONSEP KUNCI: **KEBENARAN**
v. **KEFASIKAN ORANG NON-YAHUDI**
v. **KEBENARAN ORANG YAHUDI**
1. DIBENARKAN DARI KESALAHAN ~ JUSTIFIKASI (hukuman atas dosa)
2. DIBERIKAN ~ PENGUDUSAN (kuasa dosa)
3. DISELESAIKAN ~ PEMULIAAN (keberadaan dosa)
KESELAMATAN
GARIS BESAR: IMAN (1-4) PENGHARAPAN (5-11) KASIH (12-16)

PESANNYA (TUHAN, ANAK, ROH)	**1**
SALAM KEPADA JEMAAT	**1**
1 **CATATAN PAULUS tentang BERITA INJILNYA (1-8)**	
a. KEBENARAN YANG TERUNGKAP DALAM MURKA TUHAN.	1-3
b. KEBENARAN YANG DIBERIKAN MELALUI KEMATIAN KRISTUS.	3-5
c. KEBENARAN YANG TERCAPAI OLEH KEHIDUPAN DALAM ROH.	6-8
2 **DUKA PAULUS MENGENAI BANGSANYA (9-11)**	
a. JUMLAH ISRAEL DIKURANGI DI MASA LALU MENJADI JUMLAH YANG TERSISA.	9
b. PENOLAKAN ISRAEL DI MASA SEKARANG TERHADAP BERITA INJIL.	10
c. PEMULIHAN ISRAEL DI MASA DEPAN KEPADA PERJANJIANNYA.	11
3 **PERMINTAAN PAULUS KEPADA PEMBACANYA (12-16)**	
a. AGAR MEREKA SECARA PRIBADI IKUT MENANGGUNG BEBAN PELAYANAN DAN PENDERITAAN.	12
b. AGAR MEREKA MENJAGA PERILAKU DI HADAPAN PUBLIK SEBAGAI WARGA NEGARA DAN ANGGOTA MASYARAKAT.	13
c. AGAR MEREKA MEMPRAKTIKKAN HIDUP DALAM PERSAUDARAAN DENGAN SATU HATI DAN SATU SUARA.	14-15
METODENYA (PERKATAAN, TINDAKAN, DAN TANDA)	**15**
SALAM SECARA PRIBADI	**16**

1 DAN 2 KORINTUS BAGIAN 1

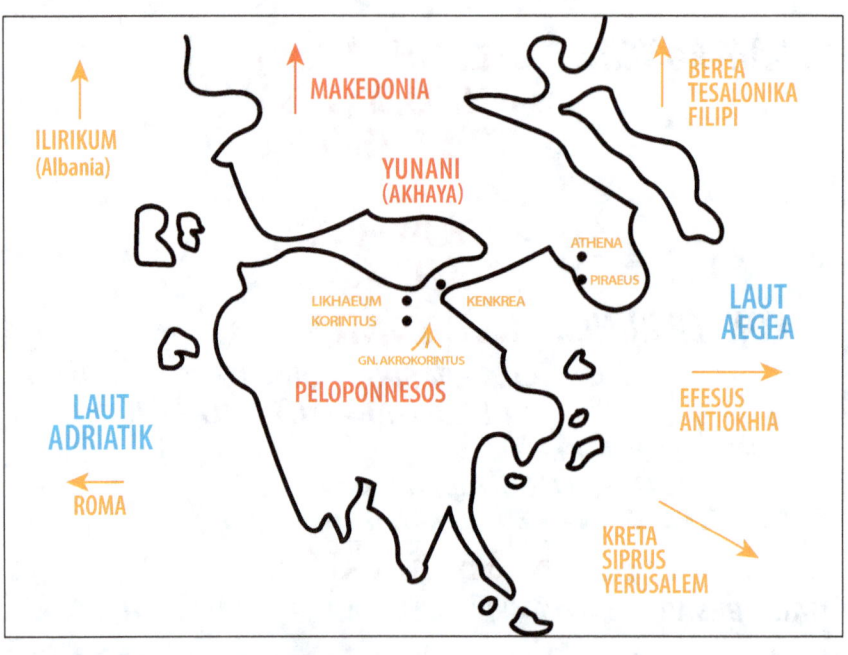

KORINTUS   KANAL

www.davidpawson.org  Membuka Isi Alkitab

1 DAN 2 KORINTUS BAGIAN 1 DAN 2

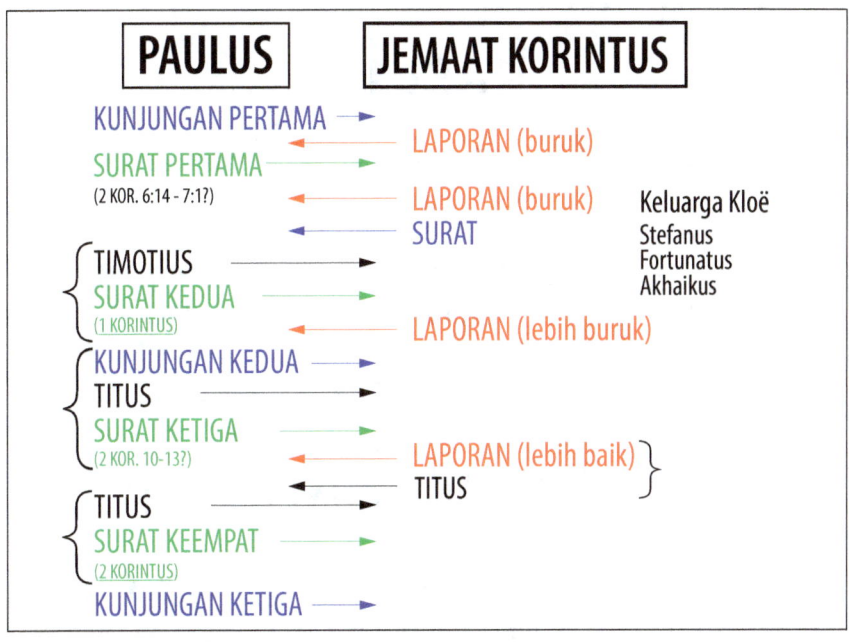

1. JEMAAT KORINTUS

MELUPAKAN PENYALIBAN

LAPORAN PERMINTAAN
PERPECAHAN
IMORALITAS
SENGKETA
           PERNIKAHAN/PERCERAIAN
PENYEMBAHAN BERHALA
PRIA/WANITA
           DAGING
PERJAMUAN KUDUS
           KARUNIA ROHANI
MERAGUKAN KEBANGKITAN
BANTUAN UNTUK KORBAN KELAPARAN

www.davidpawson.org   Membuka Isi Alkitab

1 DAN 2 KORINTUS BAGIAN 2

KASIH

MENGIKUTI HAWA NAFSU	MENYUKAI	MENGASIHI
EROS	FILADELFIA	AGAP_E_
EPITHUMIA		
DAYA TARIK	KASIH SAYANG	PERHATIAN
TUBUH	PIKIRAN	KEHENDAK
EMOSIONAL	INTELEKTUAL	BERDASARKAN KEHENDAK
TERGANTUNG	SALING TERGANTUNG	INDEPENDEN

PERNIKAHAN

SEKSUAL   SOSIAL   PENGORBANAN

2. JEMAAT KORINTUS

1-7 PEMBELAAN DIRI
Permohonan yang lemah lembut
Ketulusan

8-9 BANTUAN UNTUK KORBAN KELAPARAN

10-13 SERANGAN TERHADAP PIHAK LAIN
Tuduhan berat
Sindiran

GALATIA BAGIAN 1 DAN 2

PENULIS: PAULUS (rasul)

PEMBACA: JEMAAT(-JEMAAT) di GALATIA (utara atau selatan?)

SITUASI:
1. PENAMBAHAN PESAN
2. SERANGAN KEPADA PEMBAWA PESAN

ISU:
a. SUNAT?
b. AJARAN YAHUDI?
c. KESELAMATAN!

    i. HANYA OLEH PERBUATAN
    ii. PERBUATAN DITAMBAH IMAN
    iii. IMAN DITAMBAH PERBUATAN
    iv. HANYA OLEH IMAN

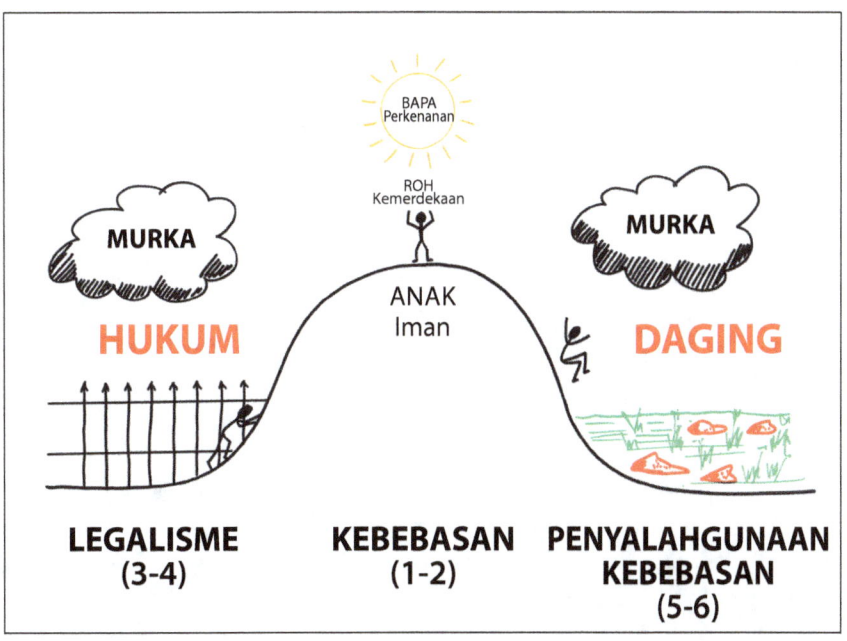

GALATIA BAGIAN 2

JALUR SETAPAK DI ANTARA LEMBAH, DISTRIK LAKE, INGGRIS

www.davidpawson.org Membuka Isi Alkitab

EFESUS

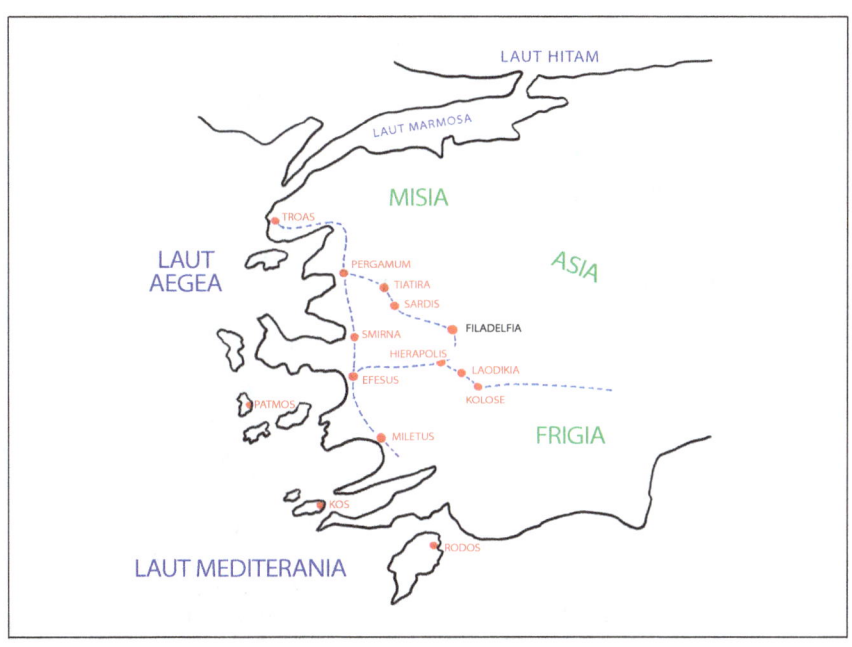

EFESUS

EFESUS

PASAL 1-3	PASAL 4-6
HUBUNGAN KEPADA TUHAN (DALAM KRISTUS) **KESELAMATAN DIKERJAKAN DI DALAM** **DOKTRIN** **PENYELAMATAN KITA TERJADI OLEH** **PENGAMPUNAN** **PEMBENARAN** **KELEPASAN KITA** **PEMUJAAN** **KEDAULATAN TUHAN**	**HUBUNGAN KEPADA SESAMA (DI DALAM TUHAN)** **KESELAMATAN DIKERJAKAN KELUAR** **KEWAJIBAN** **PENYELAMATAN KITA TERJADI UNTUK** **KEKUDUSAN** **PENGUDUSAN** **TANGGAPAN KITA** **PENERAPAN** **TANGGUNG JAWAB MANUSIA**
TUJUAN TUHAN **KUASA TUHAN**	**PERJALANAN KITA** **PEPERANGAN KITA**
Di dalam "gereja" Dimensi vertikal	Di luar "gereja" Dimensi horisontal

EFESUS 1-3

PUJIAN (1. 3-14)
TUJUAN TUHAN   untuk mempersatukan segala sesuatu di dalam Kristus

DOA (1. 15-17)
TUJUAN DAN KUASA TUHAN   untuk diketahui

KHOTBAH (1. 19 - 3. 13)
KUASA DAN TUJUAN TUHAN   terungkap dalam:

    1. KRISTUS (1. 20-23)
        DIBANGKITKAN UNTUK BERTAKHTA
    2. ORANG NON-YAHUDI (2. 1-22)
        DIBANGKITKAN UNTUK IKUT SERTA
    3. PAULUS (3. 1-13)
        DIBANGKITKAN UNTUK DINYATAKAN

DOA (3. 14-19)
KUASA DAN TUJUAN TUHAN   untuk diketahui

PUJIAN (3. 20)
KUASA TUHAN   yang dapat melakukan lebih banyak hal

www.davidpawson.org  Membuka Isi Alkitab

EFESUS

TEMBOK PEMISAH TENGAH BAIT SUCI

"BARANGSIAPA YANG TERTANGKAP MELAKUKANNYA BERTANGGUNG JAWAB ATAS KEMATIANNYA SENDIRI JIKA TERJADI KEMATIAN."

EFESUS 4-6

A. PERJALANAN KITA (4.1 - 6.9)
1. KERENDAHAN HATI
2. KESATUAN
3. KEDEWASAAN
4. INTEGRITAS
5. BERSEDEKAH
6. KEMURNIAN
7. KEPATUHAN
   a. Para istri
   b. Anak-anak
   c. Hamba-hamba (pekerja)
8. TANGGUNG JAWAB
   a. Para suami
   b. Orang tua
   c. Tuan-tuan (pemimpin di pekerjaan)

B. PEPERANGAN KITA (6.10-20)
1. PERLINDUNGAN
2. DOA

PREDESTINASI

UNTUK KESELAMATAN	UNTUK PELAYANAN
INDIVIDUAL ORANG SECARA PRIBADI	**BERSAMA** SUATU UMAT
TIDAK DAPAT DITOLAK ANUGERAH	**BERSYARAT** IMAN
Takdir yang telah ditentukan (oleh pilihan Tuhan). Terhilang karena tidak dipilih. Dilahirkan kembali <u>sebelum</u> bertobat dan percaya. Ketekunan dijamin.	Takdir yang bergantung (pada pilihan kita). Terhilang karena pilihan yang salah. Dilahirkan kembali <u>setelah</u> bertobat dan percaya. Ketekunan menjadi syarat.
CALVIN	**ARMENIAN**

BARANG SIAPA BERTEKUN akan diselamatkan dan diberi kemuliaan

www.davidpawson.org Membuka Isi Alkitab

FILIPI DAN FILEMON BAGIAN I

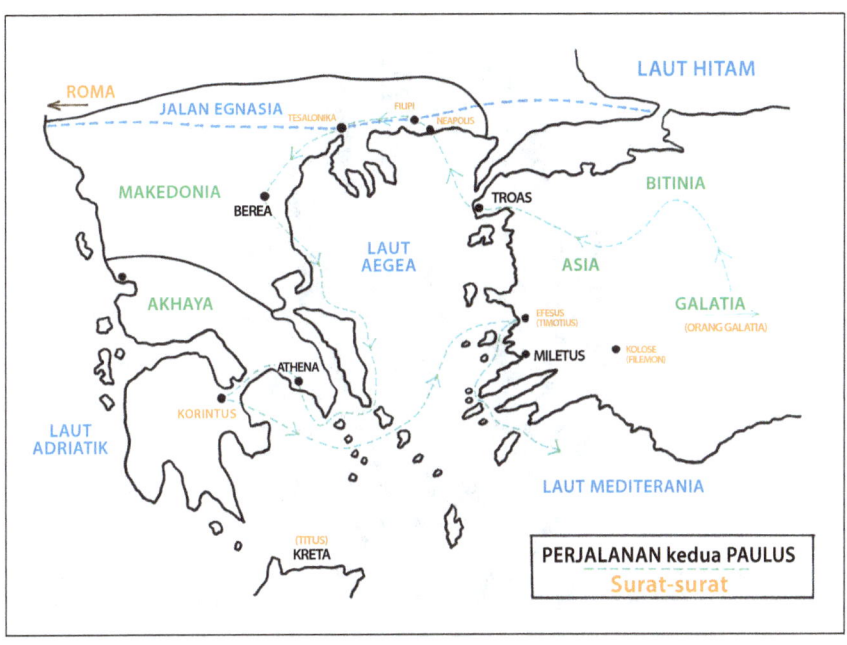

FILIPI

FILIPI DAN FILEMON BAGIAN 1 DAN 2

Paul Robert Schneider
(29 Agustus 1897 – 18 Juli 1939)

Pendeta Protestan yang pertama kali menjadi martir karena dibunuh kaum Nazi.

FILIPI 3

1. **PENEBUSAN ~ pengalaman yang harus diterapkan**
   a. Tuhan mengerjakannya di dalam
   b. Kita mengerjakannya ke luar
2. **KEBENARAN ~ tujuan akhir yang harus dikejar**
   a. Bukan milik kita: kelahiran dan kehidupan
   b. Melainkan milik Dia: kematian dan kebangkitan
3. **TANGGUNG JAWAB ~ usaha yang harus dilakukan**
   a. Melupakan yang telah lalu
   b. Berlari-lari ke tujuan di depan
4. **REPRODUKSI ~ contoh yang harus diikuti**
   a. Jahat: berpikiran duniawi
   b. Baik: berpikiran surgawi
5. **KEBANGKITAN ~ peristiwa yang harus dirindukan**
   a. Keluar dari kematian
   b. Dengan tubuh yang baru

www.davidpawson.org Membuka Isi Alkitab

KOLOSE

SURAT-SURAT KUNO
1. PRIBADI ~ individual (Filemon)
2. PADA KESEMPATAN TERTENTU ~ lokal (orang-orang Kolose)
3. UMUM ~ resmi oleh jabatan (orang-orang Efesus)

Bacalah yang tersirat: kondisi
situasi
krisis
kebutuhan
APA yang sedang disasar oleh surat itu?
SIAPA yang sedang disasar oleh surat itu?
MENGAPA dia mengirimkan surat itu?

Pola: PENGIRIM
       PENERIMA   (tujuan)
       SALAM   (doa/harapan)
       PUJIAN   (atau ucapan terima kasih)
       SUBSTANSI   (satu atau beberapa topik)
       RINGKASAN
       SALAM

"Surat-surat"   REALITAS   (masa lalu): praktik yang nyata
dalam Alkitab: RELEVANSI   (masa sekarang): prinsip yang diterapkan

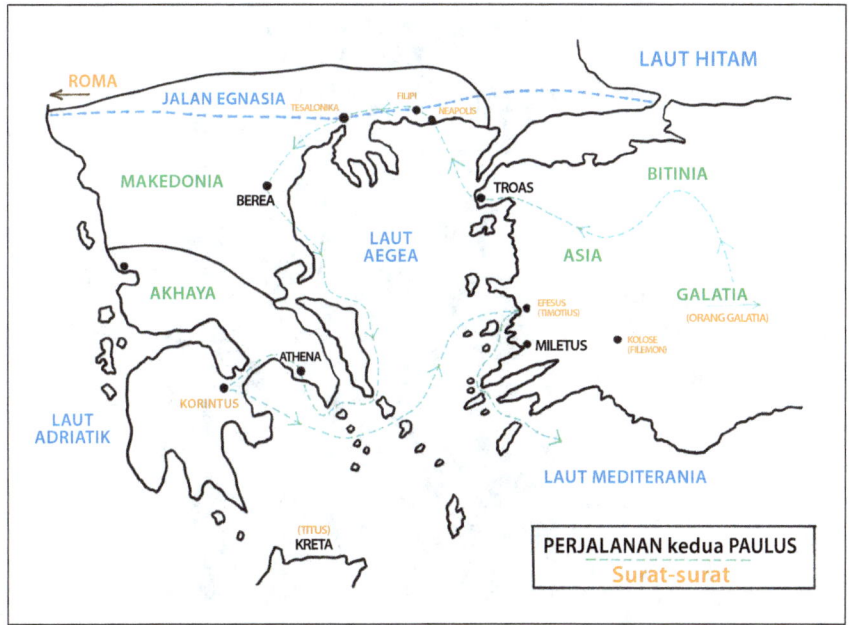

KOLOSE

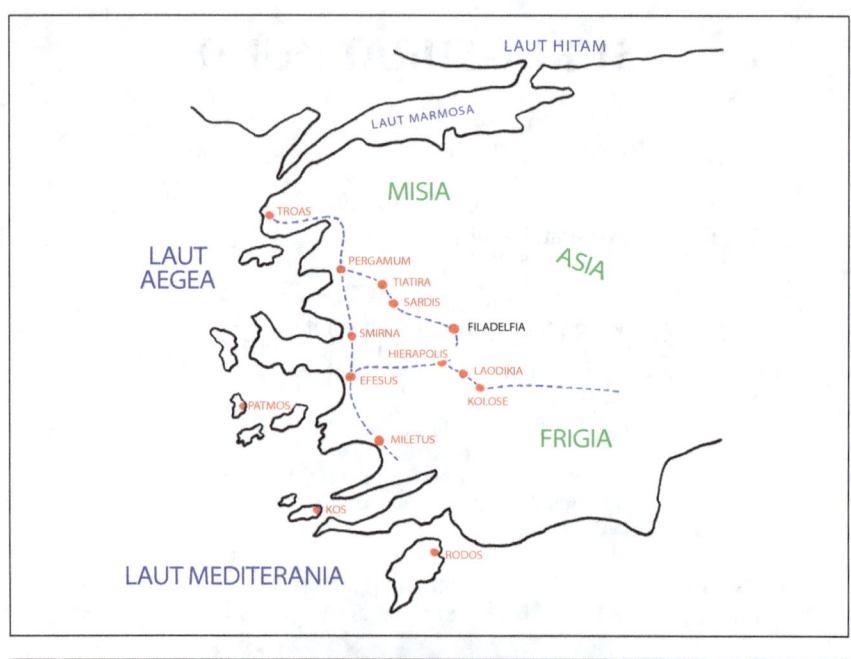

JALAN MENUJU KOLOSE (SUNGAI BERKELOK)

www.davidpawson.org   Membuka Isi Alkitab

KOLOSE

KOLOSE

A. SINKRETISME: kekristenan sebagai agama

1. KEPERCAYAAN YANG DIKURANGI
a. Tuhan dapat dikenal sepenuhnya (terlalu tinggi)
b. Keutamaan Kristus (terlalu rendah)

2. PERILAKU YANG DIATUR
a. Ketaatan pada tanggal-tanggal penting
b. Penyangkalan tubuh

B. KESEDERHANAAN: hubungan kepada Kristus

1. SELURUH KEPENUHAN ALLAH DALAM KRISTUS YANG KEKAL
a. PENCIPTA seluruh semesta.
b. PENAKLUK segala kuasa.
c. KEPALA yang mengendalikan gereja.

2. SELURUH MANUSIA MEMANDANG PADA KRISTUS YANG DITINGGIKAN
a. KEMURNIAN dalam hasrat.
b. SEDEKAH dalam kehidupan jemaat.
c. KERUKUNAN dalam keluarga.
   i. Para istri/suami.
   ii. Anak-anak/orang tua.
   iii. Hamba-hamba/tuan-tuan.

1 DAN 2 TESALONIKA BAGIAN 1 DAN 2

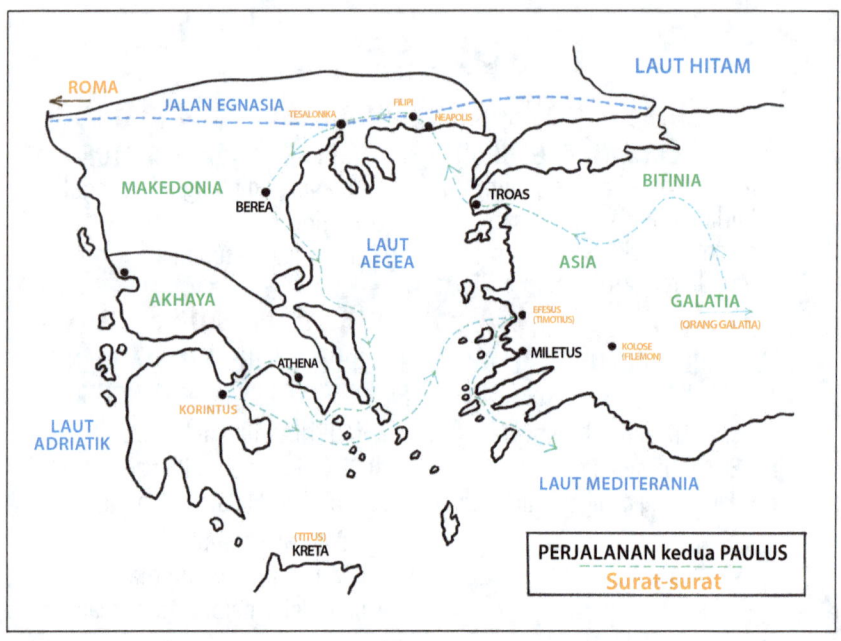

PERJALANAN kedua PAULUS — Surat-surat

TESALONIKA

I (HANGAT) — *Kami berdoa untuk kamu*

A. PENERIMAAN MEREKA (1)
1. Firman, tindakan, dan tanda
2. Iman, pengharapan, dan kasih
3. Tuhan, Yesus, Roh
4. Berbalik, melayani, menunggu

B. INTEGRITASNYA (2-3)
1. Memuji saat bertemu
2. Melupakan saat tidak bertemu

C. KEDEWASAAN MEREKA (4-5)
1. KEKUDUSAN
   Wanita   Bekerja
2. PENGHARAPAN
   Mati   Tanggal
PEMIMPIN, ANGGOTA, ROH, TUHAN, YESUS

Kamu berdoa untuk kami

II (DINGIN)

A. KEGIGIHAN MEREKA (1)
1. Ketidakadilan manusia di masa sekarang
2. Keadilan Tuhan di masa mendatang

Kami berdoa untuk kamu

B. KESTABILAN MEREKA (2-3)
1. PENGHARAPAN
   Tanggal.   Penundaan.
Kamu berdoa untuk kami
2. KEKUDUSAN
   Bekerja

1 DAN 2 TESALONIKA BAGIAN 2

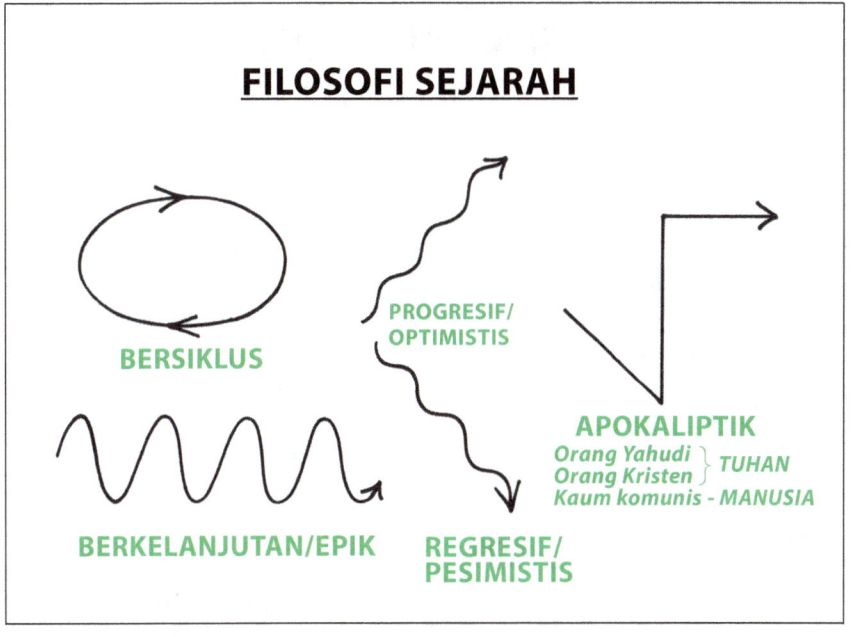

www.davidpawson.org Membuka Isi Alkitab

TIMOTIUS DAN TITUS BAGIAN 1

1, 2 TIMOTIUS, TITUS
BERBEDA DARI YANG LAIN
SEPERTI YANG LAIN

PENULIS?   GAYA
            ISI
            JADWAL PERJALANAN

Paulus berusia tua, menghadapi kematian
Gereja telah lebih tua, menghadapi kematian

"BERSIFAT PASTORAL"?   Panduan bagi para gembala jemaat
                       Internal, bukan eksternal
"BERSIFAT PENGINJILAN"?   Karakter gereja-gereja
                          Pengaruh gereja-gereja
"BERSIFAT KERASULAN"!   Menjadi pelopor
                        Sementara

Tiga cara untuk mempelajari: PENULIS (Paulus)
                              PEMBACA (Titus dan Timotius)
                              TUJUAN (Kreta dan Efesus)

PAULUS

A. POLA KEHIDUPANNYA
1. Perubahan di masa lalu
2. Kondisi masa sekarang
3. Prospek masa depan

B. TUJUAN KEHIDUPANNYA
1. OBJEKTIF ~ mengikuti/mencerminkan Tuhan
   a. TUHAN ~ Juru Selamat dan Raja
   b. YESUS ~ Juru Selamat dan Hakim
   c. ROH KUDUS ~ pemberian dan karunia
2. SUBJEKTIF ~ kewajiban manusia
   a. PENGALAMAN ~ pembenaran atas dosa masa lalu
   b. ETIKA ~ pengudusan di masa sekarang
   c. ESKATOLOGI ~ pemuliaan di masa mendatang

TITUS   ORANG NON-YAHUDI YANG KERAS (tidak bersunat)
TIMOTIUS ORANG YAHUDI YANG LEMAH LEMBUT (bersunat)

www.davidpawson.org   Membuka Isi Alkitab

TIMOTIUS DAN TITUS BAGIAN 1 DAN 2

BERITA INJIL: KESELAMATAN

A. OBJEKTIF ~ TUHAN (sebagai tanda)
1. TUHAN Satu-satunya, kekal, tak terlihat, hidup, dll.
2. YESUS KRISTUS Kelahiran, kematian, kebangkitan, kenaikan, kedatangan kembali
3. ROH KUDUS Karunia yang dialami, karunia yang dipraktikkan

B. SUBJEKTIF ~ MANUSIA (kewajiban)
1. PEMBENARAN ~ MASA LALU: HUKUMAN (pengalaman)
   - Baptisan air
   - Baptisan roh
2. PENGUDUSAN ~ MASA SEKARANG: KUASA (etika)
   - Dipisahkan dari kejahatan
   - Dikhususkan bagi kebaikan
3. PEMULIAAN ~ MASA MENDATANG: KEDATANGAN (eskatologi)
   - Perlunya ketekunan
   - Upah bagi ketekunan

	TITUS (KRETA)	**TIMOTIUS** (EFESUS)
PENATUA	Tidak ada	Salah
MASALAH	Keanggotaan	Kepemimpinan
KESALAHAN	Di sekeliling	Terpusat

1. UNTUK MENYELESAIKAN TRANSISI
a. Pemimpin berkualitas
b. Anggota berkualitas

2. UNTUK MENGONFRONTASI PARA PEMBUAT MASALAH
a. Kesalahan yang mereka sebarkan
b. Contoh yang mereka tunjukkan
c. Dampak yang mereka hasilkan

3. UNTUK MENYAMPAIKAN KEBENARAN
a. Pesan yang perlu dinyatakan
b. Teladan yang perlu ditunjukkan

IBRANI BAGIAN I

"**NASIHAT**" - *NEGATIF: JANGAN KEMBALI!*
(PERMINTAAN)   *POSITIF: LANJUTKAN!*
"Marilah kita ..." (13 kali, 8 kali di pasal 11-13)

EKSPOSISI

1^{1-14} 1^{1-40} 2^{1-4} 12-13   **NASIHAT**

A. PERTENTANGAN YANG NEGATIF (1-10) "JANGAN KEMBALI"
  1. ANAK DENGAN HAMBA (1-6)
   LEBIH BAIK DARIPADA   NABI-NABI · MALAIKAT
               RASUL-RASUL (Musa dan Yosua)
               IMAM-IMAM (Harun dan anak-anak lelakinya)
  2. SUBSTANSI DENGAN BAYANGAN (7-10)
   LEBIH BAIK DARIPADA   IMAMAT (Melkisedek)
               PERJANJIAN (baru)
               KORBAN (satu kali untuk selamanya)

B. KEBERLANJUTAN YANG POSITIF (11-13) "LANJUTKAN"
  1. IMAN DI DALAM TUHAN
   HABEL , HENOKH , NUH, ABRAHAM, ISHAK , YAKUB , MUSA
   YUSUF , YOSUA, RAHAB, GIDEON, BARAK, SIMSON
   YEFTA , DAUD , SAMUEL dan NABI-NABI
  2. FOKUS PADA YESUS
   PELOPOR DAN PENYEMPURNA IMAN
   PERANTARA PERJANJIAN BARU - YANG MENDERITA DI LUAR KEMAH.

www.davidpawson.org   Membuka Isi Alkitab

IBRANI BAGIAN 2

KESIMPULAN:
1. KEMUNGKINAN KESELAMATAN HILANG.
2. JIKA SEKALI HILANG, TIDAK MUNGKIN DIPULIHKAN.
3. PREDESTINASI MEMBUTUHKAN KERJA SAMA YANG TERUS BERLANJUT.
4. KEKUDUSAN SAMA PENTINGNYA DENGAN PENGAMPUNAN.
5. TUHAN ADALAH KUDUS.

NILAI:
1. PEMBELAJARAN ALKITAB.
2. BERPUSAT PADA KRISTUS.
3. MEMBANGUN IMAN.
4. UNDUR DARI IMAN.
5. KEANGGOTAAN DALAM GEREJA.

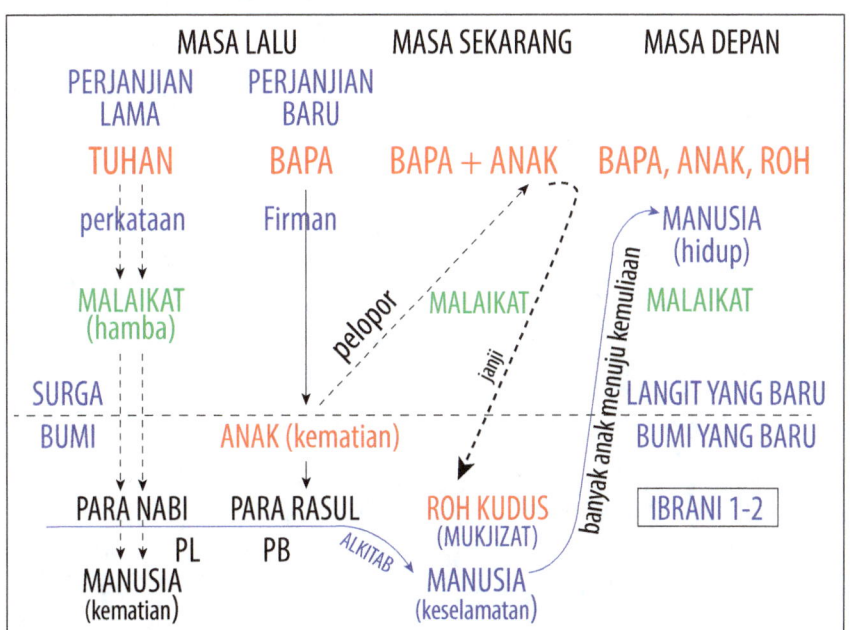

IBRANI BAGIAN 2

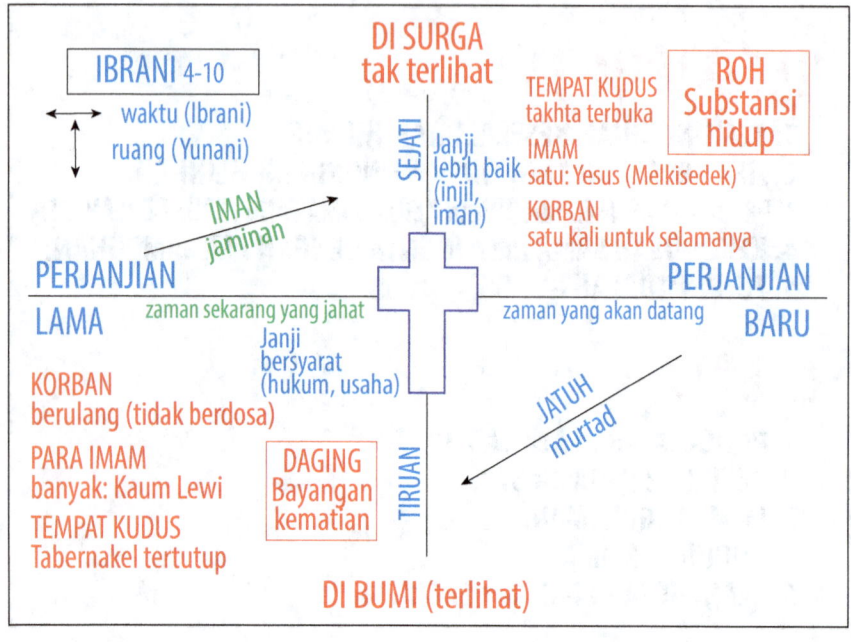

www.davidpawson.org Membuka Isi Alkitab

YAKOBUS BAGIAN 1 DAN 2

KESAN - amat <u>praktis</u>!
  amat <u>tidak terstruktur</u>!

PENULIS - saudara tiri Yesus
  penatua yang memimpin di Yerusalem
  pilar "Keadilan" gereja

GAYA - retorika Yunani
  kebijaksanaan Ibrani

PEMBACA - orang-orang percaya Yahudi
  (dalam PERANTAUAN)
  i. Di kalangan sendiri – mayoritas – pemisahan
    Terlalu kaku ⟶ KESOMBONGAN
  ii. Di daerah lain – minoritas – pembauran
    Terlalu longgar ⟶ KESERAKAHAN

ISI:
  <u>HARTA</u>   (tidak peduli akan Tuhan)
  <u>PERKATAAN</u> (berkat dan kutuk)
  <u>DUNIA</u>   (ujian dan godaan)
  <u>HIKMAT</u>   (di atas dan di bawah)

MASALAH:
  PERBUATAN, BUKAN DOKTRIN.
  HUKUM, BUKAN INJIL.
  PERBUATAN, BUKAN IMAN.
    tetapi "<u>PERBUATAN</u>" = TINDAKAN

www.davidpawson.org   Membuka Isi Alkitab

1 DAN 2 PETRUS BAGIAN 1 DAN 2

A. KESELAMATAN
  1. INDIVIDUAL ~ Firman Tuhan
   Pengharapan yang hidup · iman yang teruji · kasih yang bersukacita
  2. BERSAMA ~ umat Tuhan
   Rumah rohani · imamat rajani · bangsa yang kudus

B. PENDERITAAN
  1. TIDAK LAYAK DIALAMI   Benar, bukan salah
  2. BUKAN PEMBALASAN   Baik, bukan jahat
  3. TIDAK BERHASIL   Roh, bukan tubuh

C. PENUNDUKAN DIRI
  1. WARGA   pada penguasa (sebangsa atau setempat)
  2. HAMBA   pada tuan (termasuk tuan yang lalim)
  3. ISTRI   pada suami (khususnya orang yang belum percaya)
  4. YANG LEBIH MUDA pada para penatua (yang melayani, bukan memerintah)

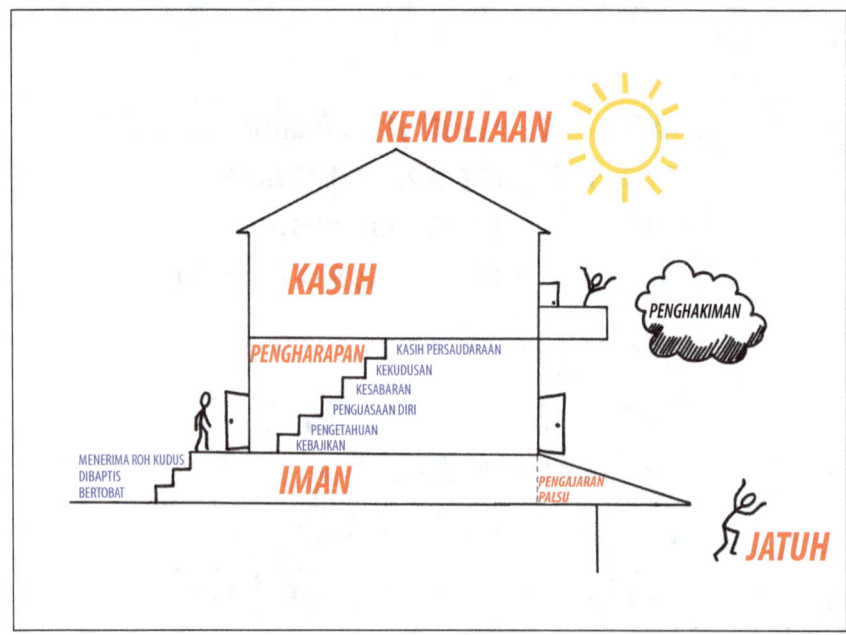

PAULUS DAN SURAT-SURATNYA

JALAN MENUJU DAMSYIK

JALAN LURUS

ANTIOKHIA

PAULUS DAN SURAT-SURATNYA

PERJALANAN PAULUS MENURUT KITAB KISAH PARA RASUL

www.davidpawson.org Membuka Isi Alkitab

SURAT-SURAT YOHANES BAGIAN I

PERTENTANGAN MUTLAK

KEHIDUPAN	KEMATIAN
TERANG	KEGELAPAN
KEBENARAN	DUSTA
KASIH	KEBENCIAN
KEHIDUPAN YANG BENAR	HIDUP TANPA ATURAN
ANAK-ANAK TUHAN	ANAK-ANAK IBLIS
KASIH AKAN BAPA	KASIH AKAN DUNIA

SIAPA? (2. 12-14)

"ANAK-ANAK"	"ORANG-ORANG MUDA"	"BAPA-BAPA"
Mengenal pengampunan	Mengembangkan kekuatan	Pengalaman yang panjang
Mengenal Bapa	Mencerna kitab suci	Pengalaman yang mendalam
	Mengalahkan Iblis	

MENGAPA?

Bahwa mereka akan:
DIPUASKAN (1.4)
BEBAS DARI DOSA (2.1)
AMAN (2.26)
PASTI (5.13)

Untuk mendorong KERUKUNAN (1.3)
Untuk menghasilkan KEBAHAGIAAN (1.4)
Untuk menjaga KEKUDUSAN (2.1)
Untuk mencegah BIDAT (2.26)
Untuk memberi PENGHARAPAN (5.13)

FIRMAN
- KASIH
- TERANG
- HIDUP
- ANAK-ANAK TUHAN
- ANAK-ANAK IBLIS
- HIDUP TANPA ATURAN
- HAWA NAFSU
- DUSTA

DUNIA

DI TENGAH-TENGAH
positif LAKUKAN
negatif JANGAN LAKUKAN
positif LAKUKAN

HIDUP (1. 1-4)
TERANG (1.5 - 2.11)
HAWA NAFSU
DUSTA   } (2.15 - 3.10)
HIDUP TANPA ATURAN
KASIH (3.11 - 4.21)
HIDUP (5. 1-21)

155

© David Pawson 2025

SURAT-SURAT YOHANES BAGIAN 1

BAPA	ANAK-ANAK
TUHAN ADALAH TERANG	TERIMALAH TERANG
TUHAN ADALAH KASIH	TUNJUKKAN KASIH
TUHAN ADALAH HIDUP	NIKMATI KEHIDUPAN

UJIAN BAGI ORANG KRISTEN "SEJATI"

1. DOKTRIN: KEMANUSIAAN KRISTUS
   BIDAT
2. ROHANI: PENERIMAAN ROH
   IBLIS
3. MORAL: PRAKTIK KEBENARAN
   HIDUP TANPA ATURAN
4. SOSIAL: KASIH KEPADA SESAMA SAUDARA
   KEBENCIAN

JAMINAN ⟶ KEYAKINAN

DI DALAM DIRI KITA
DI HADAPAN ORANG LAIN
KEPADA TUHAN

www.davidpawson.org   Membuka Isi Alkitab

SURAT-SURAT YOHANES BAGIAN 2

DOSA PADA ORANG PERCAYA (3.9)
Apakah:
TAK PERLU DIRAGUKAN ~ kita memang berdosa?
TAK DAPAT DIHINDARI ~ kita akan berdosa?
TAK DAPAT DIBANDINGKAN ~ kita seharusnya tidak berdosa?
TAK DAPAT DITOLERANSI ~ kita tidak boleh berdosa?
TAK DAPAT DIBENARKAN ~ kita tidak harus berdosa?
TAK DAPAT BERLAKU ~ kita tidak berdosa?
TAK TERBAYANGKAN ~ kita tidak dapat berdosa?

i. Artinya persis sama dengan kata-katanya.
ii. "Dosa" hanya berarti keburukan dan kejahatan yang nyata.
iii. Tuhan tidak menyebutnya "dosa" di kalangan orang percaya.
iv. Mengacu pada sifat baru kita, bukan sifat lama.
v. Ini adalah yang "ideal", bukan yang aktual.
vi. Hanya mengacu pada dosa yang menjadi kebiasaan dan terus-menerus.

Berlaku pada mereka yang:
    LAHIR DARI TUHAN (memiliki benih ilahi di dalam diri mereka)
    TINGGAL DALAM KRISTUS

Tidak membahas keamanan posisi orang percaya (5.16)
tetapi membahas kondisi berdosa pada orang percaya.

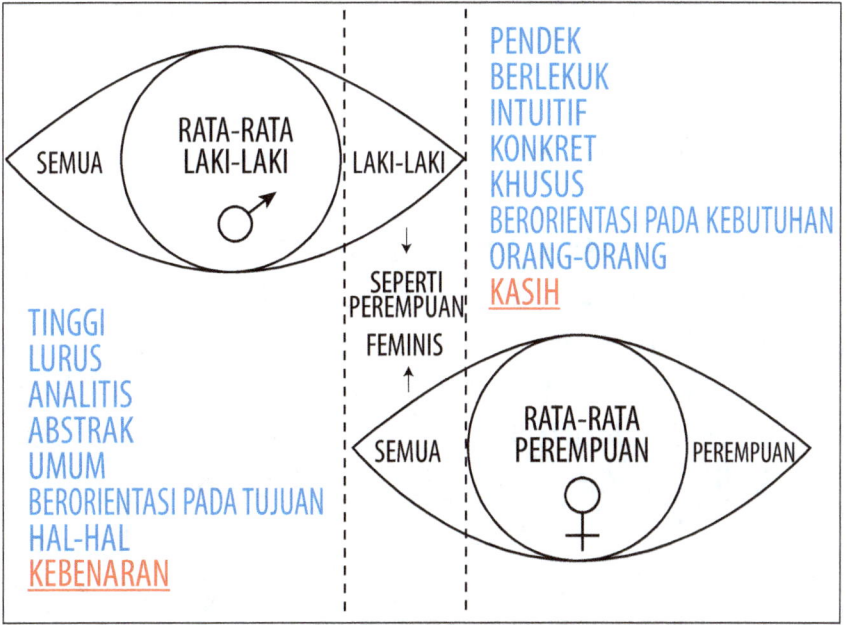

SURAT-SURAT YOHANES BAGIAN 2

2 dan 3 YOHANES

PELAYANAN KEPADA SESAMA ~ KEBENARAN DAN KASIH

KEPADA SEORANG WANITA	KEPADA SEORANG PRIA
BAHAYA ~	BAHAYA ~
TERLALU BANYAK KASIH	TERLALU BANYAK KEBENARAN
SIKAP ~	SIKAP ~
HATI YANG TERLALU LEMBUT	HATI YANG TERLALU KERAS
PINTU YANG TERBUKA TERLALU LEBAR	PINTU TERTUTUP TERLALU RAPAT
MENERIMA DAN MENYAMBUT	MENOLAK ORANG-ORANG
ORANG-ORANG YANG SALAH	YANG TEPAT
MENGABAIKAN KEBENARAN	MENGABAIKAN KASIH
KEPERCAYAAN YANG SALAH	PERILAKU YANG SALAH

KEDUANYA DIBUTUHKAN

Kasih __dan kebenaran__ pada wanita
Kebenaran __dan kasih__ pada pria

---

2 YOHANES

1-3. KASIH DALAM KEBENARAN
4. MENGIKUTI KEBENARAN
5-6. MENGIKUTI KASIH
7-9. SEBAGIAN MENOLAK KEBENARAN
10-11. JANGAN AJAK MEREKA
12-13. SUKACITA KAMI

3 YOHANES

1. KASIH DALAM KEBENARAN
2-4. MENGIKUTI KEBENARAN
5-8. MENGIKUTI KASIH
9-10. SEBAGIAN MENOLAK KASIH
11-12. JANGAN SEPERTI MEREKA
13-15. DAMAIMU

YUDAS

YUDAS
"PENYAKIT YANG MENGGEROGOTI TUBUH"

1-16: KECEMARAN YANG BERBAHAYA
17-25: KOREKSI YANG LEMBUT

1. PENGAKUAN IMAN
  a. PANDANGAN SENTIMENTIL AKAN TUHAN
  b. SOSOK YESUS YANG DISINKRONKAN
     (dengan "tuhan" yang lain)

2. PERILAKU
  a. ISRAEL DI PADANG GURUN
  b. MALAIKAT DI HERMON
  c. SODOM DAN GOMORA

3. KARAKTER
  a. KAIN ~ KEMARAHAN
  b. BILEAM ~ KESERAKAHAN
  c. KORAH ~ AMBISI

4. PERCAKAPAN
  a. PENGGERUTU DAN PENCARI-CARI KESALAHAN
  b. PEMBUAL DAN PENJILAT

1-16: KECEMARAN YANG BERBAHAYA
17-25: KOREKSI YANG LEMBUT

1. SEHARUSNYA SUDAH MENYANGKA HAL INI
  a. NABI-NABI PERJANJIAN LAMA
  b. RASUL-RASUL PERJANJIAN BARU

2. JADI HARUS BERURUSAN DENGAN HAL INI
  a. DIRIMU SENDIRI
     MEMBANGUN DIRI DALAM _IMAN_
     TINGGAL TETAP DALAM _KASIH_ TUHAN
     MENANTI RAHMAT DALAM _PENGHARAPAN_
  b. ORANG LAIN
     KERAGUAN MENTAL
     BAHAYA MAUT
     PENCEMARAN MORAL

KESANGGUPANNYA – menjaga dan membawa
OTORITASNYA – satu-satunya Tuhan, Juru Selamat kita

Membuka Isi Alkitab

PERCAKAPAN WAHYU 1

BIARA SANTO YOHANES, PATMOS

www.davidpawson.org Membuka Isi Alkitab

PERCAKAPAN WAHYU 2

PERMADANI KATEDRAL COVENTRY

YUNANI DAN TURKI DARI LUAR ANGKASA

PERCAKAPAN WAHYU 2

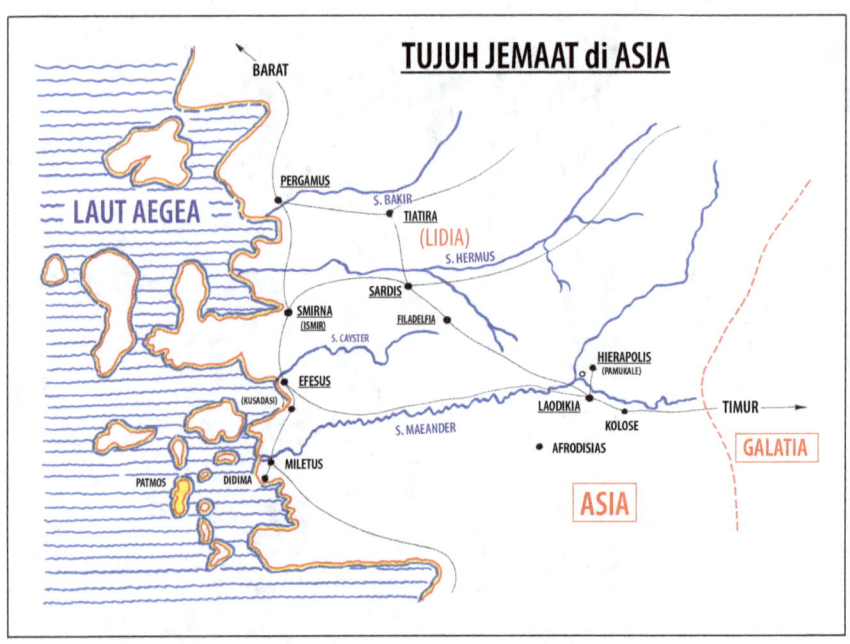

www.davidpawson.org   Membuka Isi Alkitab

PERCAKAPAN WAHYU 2

1. TUJUAN
"KEPADA MALAIKAT DI…"
2. KETERANGAN SUMBER
"INILAH PERKATAAN DARI DIA YANG…"
3. PERKENANAN
"AKU TAHU PERBUATANMU…"
4. TEGURAN
"TETAPI AKU MENENTANG INI DARIPADAMU…"
5. NASIHAT
"… ATAU AKU AKAN DATANG"
6. PERMINTAAN
"SIAPA BERTELINGA, HENDAKLAH IA MENDENGAR APA YANG DIKATAKAN ROH KEPADA JEMAAT-JEMAAT"
7. JAMINAN
"KEPADA YANG MENANG, AKU AKAN…"

EFESUS (JALAN UTAMA)

www.davidpawson.org   Membuka Isi Alkitab

PERCAKAPAN WAHYU 2

BAGIAN	REF.	EFESUS	REF.	SMIRNA	REF.	PERGAMUS
TUJUAN	2:1	Tuliskanlah kepada malaikat jemaat di Efesus:	2:8	Tuliskanlah kepada malaikat jemaat di Smirna:	2:12	Tuliskanlah kepada malaikat jemaat di Pergamus:
KETERANGAN SUMBER	2:1	Inilah firman dari Dia, yang memegang ketujuh bintang itu di tangan kanan-Nya dan berjalan di antara ketujuh kaki pelita emas itu.	2:8	Inilah firman dari [Dia] Yang Awal dan Yang Akhir, yang telah mati dan hidup kembali:	2:12	Inilah firman Dia, yang memakai pedang yang tajam dan bermata dua:
PERKENANAN	2:2 / 2:3	Aku tahu segala pekerjaanmu, baik jerih payahmu maupun ketekunanmu. Aku tahu bahwa engkau tidak dapat sabar terhadap orang-orang jahat bahwa engkau telah menguji mereka yang menyebut dirinya rasul, tetapi yang sebenarnya tidak demikian bahwa engkau telah mendapati mereka pendusta. Engkau tetap sabar dan menderita karena nama-Ku; dan engkau tidak mengenal lelah.	2:9 / 2:10	Aku tahu kesusahanmu dan kemiskinanmu — namun engkau kaya — dan [Aku tahu] fitnah mereka, yang menyebut dirinya orang Yahudi, tetapi yang sebenarnya tidak demikian, sebaliknya mereka adalah jemaah Iblis. Jangan takut terhadap apa yang harus engkau derita! Sesungguhnya Iblis akan melemparkan beberapa orang dari antara kamu ke dalam penjara supaya kamu dicobai dan kamu akan beroleh kesusahan selama sepuluh hari.	2:13	Aku tahu di mana engkau tinggal, yaitu di tempat takhta Iblis; dan engkau berpegang kepada nama-Ku, dan engkau tidak menyangkal imanmu kepada-Ku, juga tidak pada zaman Antipas, saksi-Ku, yang setia kepada-Ku, yang dibunuh di hadapan kamu, di mana Iblis tinggal.
TEGURAN	2:4	Meskipun demikian, Aku mencela engkau, karena engkau telah meninggalkan kasihmu yang semula.			2:14 / 2:15	Tetapi Aku mempunyai beberapa keberatan terhadap engkau: Di antaramu ada beberapa orang yang menganut ajaran Bileam, yang memberi nasihat kepada Balak untuk menyesatkan orang Israel, supaya mereka makan persembahan berhala dan berzina. Demikian juga ada padamu orang-orang yang berpegang kepada ajaran pengikut Nikolaus.
NASIHAT	2:5 / 2:6	Sebab itu ingatlah betapa dalamnya engkau telah jatuh! Bertobatlah dan lakukanlah lagi apa yang semula engkau lakukan. Jika tidak demikian, Aku akan datang kepadamu dan Aku akan mengambil kaki pelitamu dari tempatnya, jikalau engkau tidak bertobat. Tetapi ini yang ada padamu, yaitu engkau membenci segala perbuatan pengikut-pengikut Nikolaus, yang juga Kubenci.	2:10	Hendaklah engkau setia sampai mati, dan Aku akan mengaruniakan kepadamu mahkota kehidupan.	2:16	Sebab itu, bertobatlah! Jika tidak demikian, Aku akan segera datang kepadamu dan Aku akan memerangi mereka dengan pedang yang di mulut-Ku ini.
PERMINTAAN	2:7	Siapa bertelinga, hendaklah ia mendengarkan apa yang dikatakan Roh kepada jemaat-jemaat:	2:11	Siapa bertelinga, hendaklah ia mendengarkan apa yang dikatakan Roh kepada jemaat-jemaat:	2:17	Siapa bertelinga, hendaklah ia mendengarkan apa yang dikatakan Roh kepada jemaat-jemaat:
JAMINAN	2:7	Siapa yang menang, dia akan Kuberi makan dari pohon kehidupan yang ada di Taman Firdaus Allah.	2:11	Siapa yang menang, ia tidak akan menderita apa-apa oleh kematian yang kedua.	2:17	Siapa yang menang, kepadanya akan Kuberikan dari manna yang tersembunyi; dan Aku akan mengaruniakan kepadanya batu putih, yang di atasnya tertulis nama baru, yang tidak diketahui oleh siapa pun, selain oleh yang menerimanya.

© David Pawson 2025

www.davidpawson.org   Membuka Isi Alkitab

PERCAKAPAN WAHYU 2

REF.	TIATIRA	REF.	SARDIS	REF.	FILADELFIA	REF.	LAODIKIA
2:18	Tuliskanlah kepada malaikat jemaat di Tiatira:	3:1	Tuliskanlah kepada malaikat jemaat di Sardis:	3:7	Tuliskanlah kepada malaikat jemaat di Filadelfia:	3:14	Tuliskanlah kepada malaikat jemaat di Laodikia:
2:18	Inilah firman Anak Allah, yang mata-Nya bagaikan nyala api dan kaki-Nya bagaikan tembaga:	3:1	Inilah firman Dia, yang memiliki ketujuh Roh Allah dan ketujuh bintang itu:	3:7	Inilah firman dari [Dia] Yang Kudus, Yang Benar, yang memegang kunci Daud; apabila Ia membuka, tidak ada yang dapat menutup; apabila Ia menutup, tidak ada yang dapat membuka.	3:14	Inilah firman dari Amin, Saksi yang setia dan benar, sumber dari ciptaan Allah:
2:19	Aku tahu segala pekerjaanmu: Baik kasihmu maupun imanmu, baik pelayananmu maupun ketekunanmu. Aku tahu bahwa pekerjaanmu yang terakhir lebih banyak daripada yang pertama.			3:8 / 3:9 / 3:10	Aku tahu segala pekerjaanmu: Lihatlah, Aku telah membuka pintu bagimu, yang tidak dapat ditutup oleh seorang pun. Aku tahu bahwa kekuatanmu tidak seberapa, namun engkau menuruti firman-Ku, dan engkau tidak menyangkal nama-Ku. Lihatlah, beberapa orang dari jemaah Iblis, yaitu mereka yang menyebut dirinya orang Yahudi, tetapi yang sebenarnya tidak demikian, melainkan berdusta, akan Kuserahkan kepadamu. Sesungguhnya Aku akan menyuruh mereka datang dan sujud di depan kakimu dan mereka akan tahu bahwa Aku mengasihi engkau. Karena engkau menuruti firman-Ku, untuk tekun menantikan Aku, maka Aku pun akan melindungi engkau dari hari pencobaan yang akan datang atas seluruh dunia untuk mencobai mereka yang tinggal di bumi.		
2:20 / 2:21 / 2:22 / 2:23	Tetapi Aku mencela engkau, karena engkau membiarkan wanita Izebel, yang menyebut dirinya nabiah, mengajar dan menyesatkan hamba-hamba-Ku supaya berzina dan makan persembahan-persembahan berhala. Aku telah memberikan dia waktu untuk bertobat, tetapi ia tidak mau bertobat dari zinanya. Lihatlah, Aku akan melemparkan dia ke atas ranjang orang sakit dan mereka yang berzina dengan dia akan Kulemparkan ke dalam kesukaran besar, jika mereka tidak bertobat dari perbuatan-perbuatan perempuan itu. Anak-anaknya pun akan Kubunuh dan semua jemaat akan mengetahui bahwa Akulah yang menguji pikiran dan hati orang dan bahwa Aku akan membalaskan kepada kamu masing-masing menurut perbuatanmu.	3:1 / 3:2	Aku tahu segala pekerjaanmu: Engkau dikatakan hidup, padahal engkau mati. Bangunlah, dan kuatkanlah apa yang masih tinggal yang sudah hampir mati, sebab tidak satu pun dari pekerjaanmu Aku dapati sempurna di hadapan Allah-Ku.			3:15 / 3:16 / 3:17 / 3:18	Aku tahu segala pekerjaanmu: Engkau tidak dingin dan tidak panas. Alangkah baiknya jika engkau dingin atau panas! Jadi karena engkau suam-suam kuku, dan tidak dingin atau panas, Aku akan memuntahkan engkau dari mulut-Ku. Karena engkau berkata: Aku kaya dan aku telah memperkayakan diriku dan aku tidak kekurangan apa-apa, dan karena engkau tidak tahu bahwa engkau melarat, dan malang, miskin, buta dan telanjang, maka Aku menasihatkan engkau, supaya engkau membeli dari Aku emas yang telah dimurnikan dalam api, agar engkau menjadi kaya, dan juga pakaian putih, supaya engkau memakainya, agar jangan kelihatan ketelanjanganmu yang memalukan; dan lagi minyak untuk melumas matamu, supaya engkau dapat melihat.
2:24 / 2:25	Tetapi kepada kamu, yaitu orang-orang lain di Tiatira, yang tidak mengikuti ajaran itu dan tidak menyelidiki apa yang mereka sebut seluk-beluk Iblis, kepada kamu Aku berkata: Aku tidak mau menanggungkan beban lain kepadamu. Tetapi apa yang ada padamu, peganglah itu sampai Aku datang.	3:3 / 3:4	Karena itu, ingatlah apa yang telah kauterima dan dengar; turutilah itu dan bertobatlah! Karena jikalau engkau tidak berjaga-jaga, Aku akan datang seperti pencuri dan engkau tidak tahu kapan saatnya Aku [akan] tiba-tiba datang kepadamu. Tetapi di Sardis ada beberapa orang yang tidak mencemarkan pakaiannya; mereka akan berjalan dengan Aku dalam pakaian putih, karena mereka layak untuk itu.	3:11	Aku datang segera. Peganglah terus apa yang ada padamu, supaya tidak seorang pun mengambil mahkotamu.	3:19 / 3:20	Siapa yang Kukasihi, ia Kutegur dan Kuhajar; sebab itu, bersungguh-sungguhlah dan bertobatlah! Lihat, Aku berdiri di depan pintu dan mengetuk; jikalau ada orang yang mendengar suara-Ku dan membukakan pintu, Aku akan masuk menemui dia dan makan bersama-sama dengan dia, dan ia bersama-sama dengan Aku.
2:26 / 2:27 / 2:28	Siapa yang menang dan melakukan pekerjaan-Ku sampai kesudahannya, kepadanya akan Kukaruniakan kuasa atas bangsa-bangsa; dan ia akan memerintah mereka dengan tongkat besi; mereka akan diremukkan seperti tembikar tukang periuk — sama seperti kuasa yang Kuterima dari Bapa-Ku — dan kepadanya akan Kukaruniakan bintang timur.	3:5	Siapa yang menang, kepadanya akan dikenakan pakaian putih yang demikian; Aku tidak akan menghapus namanya dari kitab kehidupan, melainkan Aku akan mengaku namanya di hadapan Bapa-Ku dan di hadapan para malaikat-Nya.	3:12	Siapa yang menang, ia akan Kujadikan tiang di dalam Bait Suci Allah-Ku, dan ia tidak akan keluar lagi dari situ; dan padanya akan Kutuliskan nama Allah-Ku, nama kota Allah-Ku, yaitu Yerusalem baru, yang turun dari surga dari Allah-Ku, dan [akan Kutuliskan] nama-Ku yang baru.	3:21	Siapa yang menang, ia akan Kududukkan bersama-sama dengan Aku di atas takhta-Ku, sebagaimana Aku pun telah menang dan duduk bersama-sama dengan Bapa-Ku di atas takhta-Nya.
2:29	Siapa bertelinga, hendaklah ia mendengarkan apa yang dikatakan Roh kepada jemaat-jemaat.	3:6	Siapa bertelinga, hendaklah ia mendengarkan apa yang dikatakan Roh kepada jemaat-jemaat.	3:13	Siapa bertelinga, hendaklah ia mendengarkan apa yang dikatakan Roh kepada jemaat-jemaat.	3:22	Siapa bertelinga, hendaklah ia mendengarkan apa yang dikatakan Roh kepada jemaat-jemaat.

PERCAKAPAN WAHYU 2

LAODIKIA

TUJUH JEMAAT DI ASIA

PERCAKAPAN WAHYU 2

FILADELFIA

SARDIS

PERCAKAPAN WAHYU 2

SMIRNA

EFESUS

PERCAKAPAN WAHYU 2

TIATIRA

PERGAMUS

PERCAKAPAN WAHYU 2

1. KRISTUS DI SURGA DAN GEREJA-GEREJA DI BUMI
2-3. BUMI DILANDA BANYAK MASALAH
  DUNIA YANG CEMAR
  GEREJA YANG BERKOMPROMI } *(PENYEMBAHAN BERHALA dan IMORALITAS)*
4-5. SURGA TETAP SEMPURNA
  TUHAN DUDUK DI TAKHTA *(SELURUH SEJARAH)*
  YESUS MEMEGANG KENDALI *(TITIK AKHIR SEJARAH)*
6-18. SEBELUM MENJADI LEBIH BAIK, SEGALA SESUATU AKAN MENJADI LEBIH BURUK
  BAGI DUNIA   *PERANG, PERTUMPAHAN DARAH, KELAPARAN,*
               PENYAKIT, BENCANA ALAM, BANYAK KEMATIAN.
  BAGI GEREJA *MASALAH BESAR (3½ TAHUN), TRITUNGGAL NAJIS*
               (IBLIS, ANTIKRISTUS, NABI PALSU), KOTA BABEL
               (WANITA SUNDAL), BANYAK KEMATIAN.
19-22. SEGALA SESUATU AKAN MENJADI JAUH LEBIH BAIK SETELAH SEBELUMNYA MENJADI LEBIH BURUK
  KEDATANGAN KEMBALI KRISTUS KE BUMI *(KEBANGKITAN "PERTAMA")*
  PEMERINTAHAN KRISTUS DI BUMI *(1000 TAHUN)*
  HARI PENGHAKIMAN *(KEBANGKITAN 'YANG TERSISA')*
  KEMATIAN KEDUA *(LAUTAN API)*
  LANGIT YANG BARU DAN BUMI YANG BARU
  YERUSALEM BARU *(MEMPELAI WANITA)*

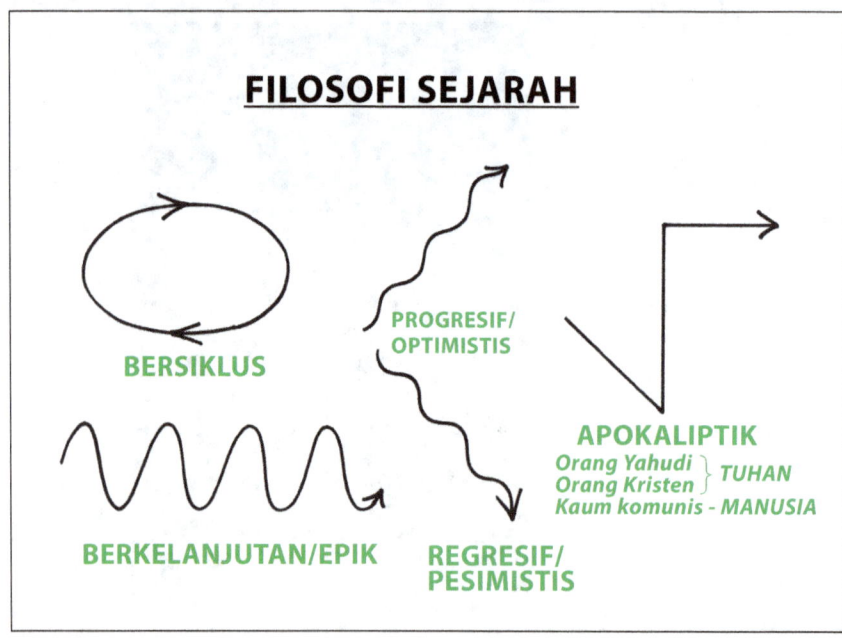

PERCAKAPAN WAHYU 3

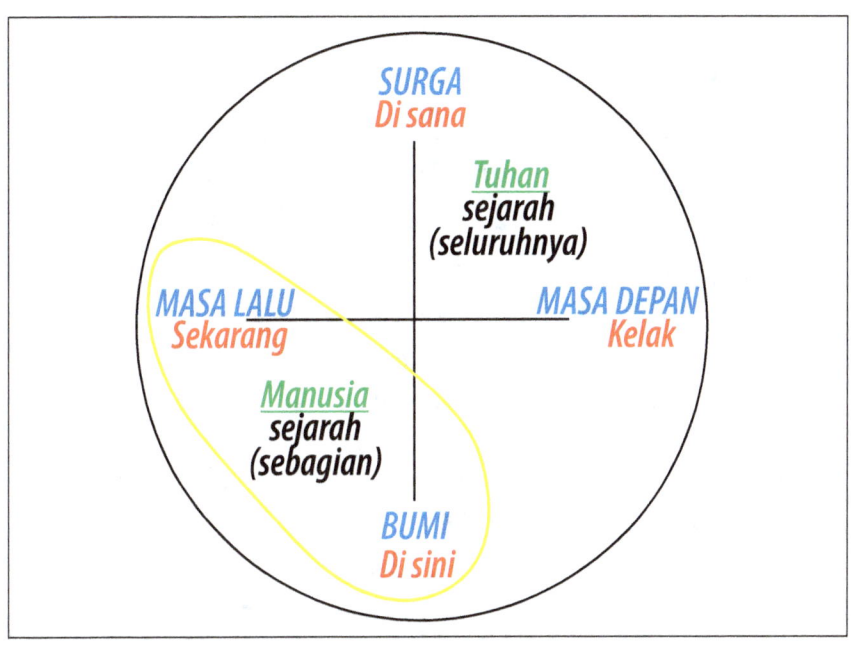

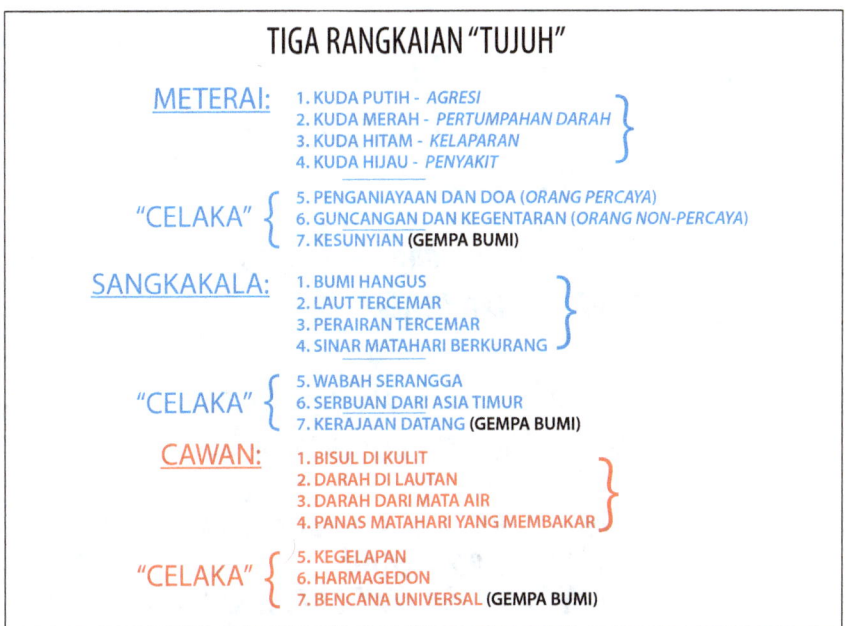

PERCAKAPAN WAHYU 3

PASAL 6 -16

A. BERTURUT-TURUT

METERAI	SANGKAKALA	CAWAN
1234567	1234567	1234567

B. BERSAMAAN

METERAI	1234567
SANGKAKALA	1234567
CAWAN	1234567

C. BERTURUT-TURUT, MAKIN CEPAT, BERSAMAAN

METERAI	1234-56		7
SANGKAKALA		1234-56	7
CAWAN			1234-567

Aliran penafsiran:

PRETERIS - masa lalu (abad <u>pertama</u> M)
  TUJUH BUKIT DI ROMA

HISTORIS - masa sekarang (<u>seluruh</u> abad M)
  TUJUH ZAMAN GEREJA

FUTURIS - masa depan (abad <u>terakhir</u> M)
  TUJUH TAHUN MASA ANIAYA BESAR

IDEALIS - masa lalu, masa sekarang, masa depan
  (abad <u>manapun</u> M)
  TUJUH HAL BARU YANG SUDAH ADA

PERCAKAPAN WAHYU 4

PERCAKAPAN WAHYU 4

BABEL AKHIR ZAMAN

GAMBAR BANK FRANKFURT

PATUNG-PATUNG BANK FRANKFURT

KEPASTIAN AKAN TERJADI - kapan saja?
("PENGANGKATAN" SEBELUM MASA ANIAYA)

1. **PERNYATAAN TENTANG KECEPATAN**
   AKU DATANG SEGERA, SESAAT LAGI
2. **PERNYATAAN TENTANG KEJUTAN**
   SEPERTI PENCURI DI MALAM HARI, YANG KAMU TIDAK TAHU
3. **PERBEDAAN BAHASA**
   HARI TUHAN/HARI KRISTUS
   KEDATANGAN/KEMUNCULAN
   BAGI ORANG-ORANG KUDUS/DENGAN ORANG-ORANG KUDUS
4. **PENANTIAN GEREJA**
   DIA BERDIRI DI DEPAN PINTU
   GENERASI INI TIDAK AKAN MATI
5. **KETIADAAN "GEREJA"** (dalam pasal-pasal tentang aniaya)
   YANG TERPILIH, ORANG-ORANG KUDUS
6. **PENEKANAN PADA PENGHIBURAN**
   KUATKAN SEORANG AKAN YANG LAIN
7. **ANIAYA ADALAH "MURKA"**
   TUHAN TIDAK MENENTUKAN KITA UNTUK DIJATUHI MURKA

PERCAKAPAN WAHYU 5

TUJUH PENGLIHATAN ("dan aku melihat")

1. **"PAROUSIA" (19. 11-16)** — RAJA SEGALA RAJA, TUHAN SEGALA TUAN.
   "LOGOS" = PERKATAAN
   KUDA PUTIH, JUBAH BERNODA DARAH

2. **PERJAMUAN (19. 17-18)** — MALAIKAT-MALAIKAT MENGUNDANG BURUNG-BURUNG...
   ...UNTUK MENYANTAP BANGKAI ORANG MATI.

3. **HARMAGEDON (19. 19-21)** — RAJA-RAJA DAN PASUKAN-PASUKAN DIHANCURKAN
   OLEH "PERKATAAN" = LOGOS
   BINATANG DAN NABI PALSU DILEMPAR KE LAUTAN API.

4. **IBLIS (20. 1-3)** — DIIKAT DAN DIBUANG KE "JURANG"
   TETAPI HANYA UNTUK SEMENTARA.
   * * * * * * * * *

5. **SERIBU TAHUN (20. 4-10)** — ORANG-ORANG KUDUS DAN PARA MARTIR MEMERINTAH
   KEBANGKITAN PERTAMA
   IBLIS DILEPASKAN, DILEMPAR KE LAUTAN API.

6. **PENGHAKIMAN (20. 11-15)** — KEBANGKITAN "YANG TERSISA"
   KITAB-KITAB DAN "KITAB KEHIDUPAN" DIBUKA.

7. **PENCIPTAAN KEMBALI (21. 1-2)** — LANGIT YANG BARU DAN BUMI YANG BARU
   YERUSALEM BARU.

PERCAKAPAN WAHYU 5

BUKIT MEGIDO - HARMAGEDON

1. TANPA SERIBU TAHUN (lebih baik tanpa seribu tahun)
  a. SKEPTIS
     Absurditas
  b. MITOLOGIS
     Kiasan

2. PASCA-SERIBU TAHUN (Kristus datang kembali setelahnya)
  a. ROHANI
     Seluruh zaman Gereja
  b. POLITIK
     Zaman Gereja bagian terakhir

3. PRA-SERIBU TAHUN (Kristus datang kembali sebelumnya)
  a. DISPENSASI
     Israel
  b. KLASIK
     Gereja

PERCAKAPAN WAHYU 5

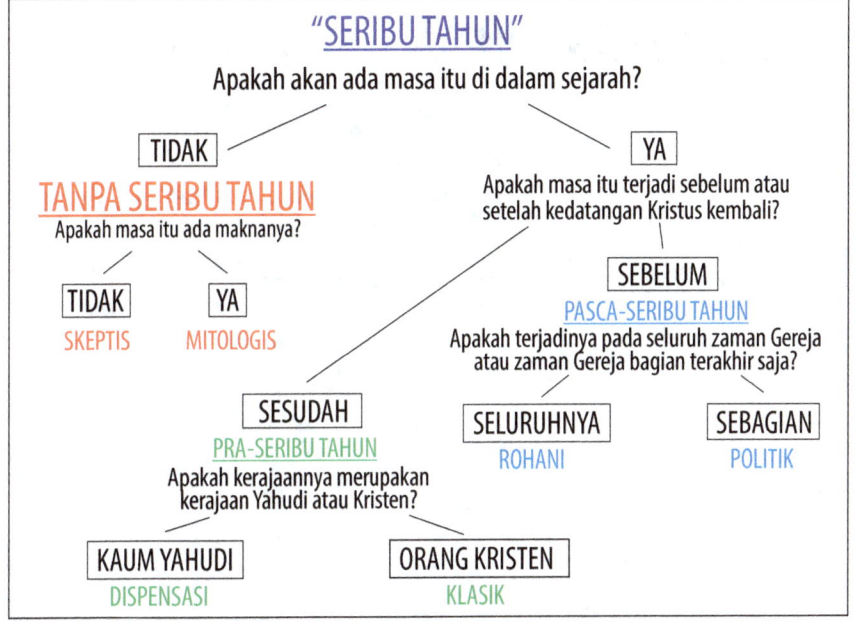

www.davidpawson.org Membuka Isi Alkitab

PERCAKAPAN WAHYU 6

TUJUH PENGLIHATAN ("dan aku melihat")

1. **PAROUSIA** (19. 11-16) — RAJA SEGALA RAJA, TUHAN SEGALA TUAN.
   "LOGOS" = PERKATAAN
   KUDA PUTIH, JUBAH BERNODA DARAH

2. **PERJAMUAN** (19. 17-18) — MALAIKAT-MALAIKAT MENGUNDANG BURUNG-BURUNG...
   ...UNTUK MENYANTAP BANGKAI ORANG MATI.

3. **HARMAGEDON** (19. 19-21) — RAJA-RAJA DAN PASUKAN-PASUKAN DIHANCURKAN
   OLEH "PERKATAAN" = LOGOS
   BINATANG DAN NABI PALSU DILEMPAR KE LAUTAN API.

4. **IBLIS** (20. 1-3) — DIIKAT DAN DIBUANG KE "JURANG"
   TETAPI HANYA UNTUK SEMENTARA.
   * * * * * * * * *

5. **SERIBU TAHUN** (20. 4-10) — ORANG-ORANG KUDUS DAN PARA MARTIR MEMERINTAH
   KEBANGKITAN PERTAMA
   IBLIS DILEPASKAN, DILEMPAR KE LAUTAN API.

6. **PENGHAKIMAN** (20. 11-15) — KEBANGKITAN "YANG TERSISA"
   KITAB-KITAB DAN "KITAB KEHIDUPAN" DIBUKA.

7. **PENCIPTAAN KEMBALI** (21. 1-2) — LANGIT YANG BARU DAN BUMI YANG BARU
   YERUSALEM BARU.

BATU-BATU YERUSALEM BARU

Yaspis (Kwarsa) — Safir — Mirah — Zamrud
Sardis — Ratna Cempaka — Krisolit (Peridot) — Beril (Akuamarin)
Topas — Krisopras — Lazuardi (Zircon) — Kecubung

PERCAKAPAN WAHYU 6

BATU-BATU YANG DIBUANG

Berlian Kobalt Garnet Almandin

GN. ETNA (LAUTAN API)

PERCAKAPAN WAHYU 6

MENGAPA PERLU MEMPELAJARI "WAHYU"?
1. PENYELESAIAN SELURUH ALKITAB
2. PERTAHANAN TERHADAP BIDAT
3. PENAFSIRAN SEJARAH
4. DASAR PENGHARAPAN
5. MOTIVASI PENGINJILAN
6. PEMICU PENYEMBAHAN
7. OBAT PENAWAR bagi KEDUNIAWIAN
8. UPAH bagi KEKUDUSAN
9. PERSIAPAN untuk PENGANIAYAAN
10. PEMAHAMAN akan KRISTUS

www.ingramcontent.com/pod-product-compliance
Lightning Source LLC
Chambersburg PA
CBHW052030070526
44584CB00016B/1984